时间管理

超好用的
68个时间管理技巧

张姣飞 著

中国纺织出版社有限公司 | 国家一级出版社
全国百佳图书出版单位

内 容 提 要

在这个信息如潮又惜时如金的时代,谁先掌握了时间管理的秘诀,谁就拥有了对工作和生活的主动权。本书主要分为两部分内容,第一篇为认知篇,告诉你如何认识时间、时间管理的意义以及如何走出时间管理的误区;第二篇为技巧篇,主要从时间分配、目标管理、习惯养成、专注力、情绪心态、工作效率和人际交往七个方面,介绍了68个经过实践检验且行之有效的时间管理技巧。这些方法和技巧只要运用得当,就能让你掌控好自己的时间,变成高效能人士,让你的工作和生活发生翻天覆地的变化。

图书在版编目(CIP)数据

时间管理:超好用的68个时间管理技巧/张姣飞著.—北京:中国纺织出版社有限公司,2020.7(2024.4重印)
ISBN 978-7-5180-7198-2

Ⅰ.①时… Ⅱ.①张… Ⅲ.①时间-管理-通俗读物 Ⅳ.①C935-49

中国版本图书馆CIP数据核字(2020)第035178号

策划编辑:郝珊珊　　责任校对:王蕙莹　　责任印制:储志伟

中国纺织出版社有限公司出版发行
地址:北京市朝阳区百子湾东里A407号楼　邮政编码:100124
销售电话:010—67004422　传真:010—87155801
http://www.c-textilep.com
中国纺织出版社天猫旗舰店
官方微博http://weibo.com/2119887771
三河市宏盛印务有限公司印刷　各地新华书店经销
2020年7月第1版　2024年4月第14次印刷
开本:880×1230　1/32　印张:6
字数:196千字　定价:39.80元

凡购本书,如有缺页、倒页、脱页,由本社图书营销中心调换

前言

最近有一个流行词叫"斜杠青年",指的是除了本职工作,还有其他多重职业或身份的青年。比如,张某,本职工作是一名程序员,休息时他成了一名笔耕不辍的作家,周末还能化身为酒吧的驻唱歌手,别人在介绍张某时,可以说他是程序员/作家/歌手。

像张某这样拥有多重职业或身份,是令人羡慕的一件事,但现今社会并不是人人都真的能成为"斜杠青年"。一个人要想成为一个积极向上、充满活力的"斜杠青年",想在偌大的城市里闯出一片天地,并不是想想就可以的。那么,关键因素是什么呢?

我认为最关键的是时间管理,因为只有把时间管理好了,才能在不同的时间做好不同的事,才能把不同的身份扮演好。在这里,我并不是鼓励大家一定要成为"斜杠青年",只是借此说明时间管理的重要性。

在这个世界上，我们找不到任何一样东西能比时间更宝贵和公平，无论是贫穷还是富有，每个人每天拥有的时间都只有24小时。那么，为什么有的人能在这24小时之内按计划完成自己的工作，在工作之余还能用心生活，有时间发展业余爱好，并且把爱好变成副业，让人生拥有更多可能，而有的人即使加班加点，每天忙得精疲力竭，却还是一无所成？

时间管理的魔力在于，看似一样的时间，如果管理得好，就能让24小时发挥出48小时的作用，你可以从容不迫地完成看似不可能完成的任务；如果管理不好，任由时间白白流逝，原本的24小时最后利用起来的可能只有4小时，甚至更少。

管理时间和理财是一样的。我们之所以要理财，是为了弄清楚自己的钱都花到哪里去了，如何让每一分钱用在最有用的地方，从而引导自己养成理性消费和投资的习惯。同样，我们对时间进行管理，实际上就是对时间做规划。什么时间做什么事，什么事情值得花费时间，什么事情只会浪费时间，我们都要有理性的认识。

时间管理，并不意味着要把所有的事情都做完，而是指要高效率地运用时间。时间管理也不是要完全掌握自己的所有时间，而是要通过事先的规划，来减少工作和生活中的变动性和随意性。时间管理只是一种提醒和指引,而非强制手段,目的是帮助我们把时间投入与自己的目标相关的事情,以最小的代价或花费,获得最佳的期待结果。

时间管理就像知识管理一样,它有内在的逻辑和系统,并不是简单地对时间进行记录,时间记录只是时间管理的开始,我们还要厘清时间管理与时间分配、目标管理、习惯养成、专注力、情绪、工作效率及人际交往等方方面面的关系。如果你想管理好自己的时间,又不知道如何着手,那么,可以试着从以上这些方面着手,去系统地学习时间管理。学会时间管理将对你的人生有很大的好处,能让你比别人更快地成长。

任何事情只要掌握了正确的方法就能事半功倍,时间管理也一样。时间管理,就是通过技巧、技术和工具来帮助我们更高效地完成工作并实现目标。本书除了强调要树立正确的时间观念,指出常见的时间管理误区,还重点介绍了68个经典的时间管理技巧。你可以根据自己的工作和生活习惯,以及亟待解决的具体问题选择相应的技巧进行练习,希望书中介绍的技巧对你有帮助。

最后,要注意的是,时间管理也许一天两天看不出效果,但只要坚持一段时间,你一定会发现很多地方都发生了改变。也许你上班不再迟到，也许你有更多时间与家人相处，也许你一年多读了几十本书，也许你获得了一个工作晋升的机会……总之，学会时间管理，也许你会拥有全新的人生。所以，从今天起，开始你的时间管理吧！

张姣飞

2020. 01. 01

目录 | CONTENTS

001 | 认知篇
怎样对待时间，等于怎样度过一生

人的一生有多少时间　_002

你的时间远比金钱更有价值　_004

为什么我们的时间总是不够用　_006

我们和高效能人士的差距在哪里　_009

通过时间管理，我们可以获得什么　_012

不同行为风格的人，需要不同的

　　时间工具　_015

当心！别走进时间管理的误区　_018

002 | 技巧篇
超好用的68个时间管理技巧

第一章
时间管理：时间分配法则

01. 掌握80/20时间分配法　_022

02. 时间管理与短跑理论　_024

03. 时间管理中的墨菲定律　_026

04. 利用好15分钟法则　_029

05. 记录你的时间日志　_030

06. 设定好时间结束点　_032

07. 让你的时间安排头轻脚重　_034

08. 每天留出一点弹性时间　_036

09. 学会最大限度利用业余时间　_038

10. 按精力周期分配时间　_040

第二章
时间管理：目标任务完成法则

11. 制定周/日目标　_043

12. SMART 目标管理原则　_045

13. 长期计划与短期计划相结合　_047

14. 六点优先原则　_050

15. 剥洋葱法和多杈树法　_052

16. 目标导向法　_054

17. 九宫格日记法　_056

18. 吞青蛙法　_058

19. 建立停止清单　_060

20. 分清日常工作和非日常工作　_062

21. 将小事集中起来处理　_064

22. 标准化输出工作任务　_065

第三章
时间管理：好习惯事半功倍

23. 30天试验法　_068

24. 替换理论　_070

25. 巧用触发物　_072

26. 一次培养一个习惯　_074

27. 建立文件管理系统　_076

28. 给所有的东西规定放置的位置　_079

29. 养成做工作笔记的好习惯　_083

30. 做好三种必备的计划清单　_085

31. 认真核对与备份　_087

32. 提前解决可以预见的问题　_089

第四章
时间管理：拯救你的专注力

33. 10000小时定律 _092

34. 一次只做好一件事 _094

35. 避免不必要的干扰 _096

36. 每天冥想5分钟 _099

37. 警惕"窄化效应" _101

38. 缩短不必要的信息处理时间 _103

39. 减少花在网络工具上的时间 _105

40. 学会做一只专注的刺猬 _107

第五章
时间管理：赶走负面情绪

41. 用行动赶走负面情绪 _110

42. 接受并体察你的情绪 _112

43. 利用GTD法则减少焦虑 _115

44. 远离非理性情绪 _117

45. 抵制诱惑，不为欲望所累 _119

46. 避免接触懒惰的人 _121

47. 不要苛求完美 _123

48. 学会克制冲动情绪 _125

49. 如何快速调整工作状态 _127

50. 多留一些时间给睡眠 _129

第六章
时间管理：高效率就是生产力

51. 计算你的单位时间产出　_133

52. 被逼出来的生产效率　_135

53. 习惯现在就做　_137

54. 利用最有效率的时间　_139

55. 掌握高效阅读的技巧　_142

56. 用番茄钟来管理你的时间　_144

57. 为重复性工作建立工作模板　_148

58. 善用零散时间　_150

59. 把不擅长的任务派出去　_152

60. 让高新技术给时间管理帮忙　_154

第七章
时间管理：人际交往有诀窍

61. 职场人际沟通术　_157

62. 聪明人才会的团队合作技巧　_160

63. 遵循"3分钟电话原则"　_162

64. 掌握分工的艺术　_164

65. 学会向上司请教　_167

66. 学会向他人寻求帮助　_169

67. 建立自己的人际影响力　_171

68. 学会对别人说"不"　_174

认知篇

怎样对待时间,等于怎样度过一生

人的一生有多少时间

一个人浑浑噩噩地度过了大半生，回过头来发现自己竟然一事无成。他跑去问佛祖："我这一生最大的错误是什么？"佛祖回答说："你最大的错误就是认为你还有时间。"

我们总认为人的一生很长，过了今天还有明天，过了今年还有明年。殊不知，时间正如小偷，悄无声息地偷走了我们的事业、健康和未来。

在YouTube上，曾有个不到5分钟的演讲视频迅速在网上流传，触动了无数人的心。演讲者Jay Shetty只列了几组数据，就给我们算明白了一笔时间账：

按照当前人的平均寿命78岁算，人一生中要花28.3年的时间在睡觉上，约占总寿命的1/3。若每天工作8小时，那么花在工作上的时间是10.5年。消磨在电视、社交媒体上的时间为9年，做家务花掉6年，吃吃喝喝花去4年，购物、化妆打扮再去掉2.5年……算到最后，真正属于自己的时间只有短短的9年！一生看似漫长，实际很短暂。

如果不具体划分时间的用途，还按人的平均寿命78岁来算，那么我们这一生有多少年、多少月、多少小时呢？

78年：在每一年里，有的人考上了心仪的大学，有的人换了工作，有的人用一年的时间旅游，有的人生病在医院里度过了一年……每过去一年，生命就减少1/78。

78年=78×12个月=936个月：一个月的时间，有时做一个项目就过去了，有时生一场病就过去了，有时还没好好感受就溜走了。然而，不管你愿不愿意，每过去一个月，生命就减少了1/936。

78年=365.25×78×24小时=683748小时：或许看一会儿书、上一堂课、开个会，甚至什么都不做，1小时就很快过去了，生命就减少了1/683748。

时间是慷慨的，但又是吝啬的。无论贫穷或是富贵，不管是男女还是老少，每个人一天都有24小时，每个人都只有一生。每一年，每一个月，每一天，每一小时，甚至是每个瞬间都能产生价值。不管你用不用，它都要带走，一分钟都不会多给你留。

时间是公平的，又是不公平的。它给每个人的都同样多，不管你是在学校读书，在努力工作，在环游世界，在运动，还是在做一些无用的事情，它都不闻不问地往前走。只是有的人紧紧地跟上了它的脚步，而有的人无视它的存在，虚度了时间，辜负了光阴。

你的时间远比金钱更有价值

想象一下,如果某天早上,你醒来后发现自己的银行账户突然多了86400元,这些钱必须在一天之内花完,如果花不完,就会在当天的24点清零,每天如此。你打算怎么用这笔钱呢?你一定会利用好每一分钱,绝不让它浪费,甚至用这些钱来做投资,对吧?如果把钱换成时间呢?在生命账户里,每天都会自动存入86400秒,第二天又重新存入,周而复始,那我们该如何消费这些时间呢?

我们常说:"时间就是金钱。"实际上,时间远比金钱来得珍贵。我们可以赚更多的钱,但赚不来更多的时间。钱没了可以再赚,但时间没了,就一去不复返。时间看似免费,实则无价,我们不能储存它,只能花费它,不能拥有它,只能使用它。

时间不像金钱,可以看到、触摸到,它是无声无形的,如果不用心去思考、去感受,很难发现它的价值。人生中的每一年、每一月、每一周、每一小时、每一分、每一秒,甚至每毫秒都有它的价值。如果你不知道一年的价值,可去问问备考的莘莘学子;如要你不知道一个月的价值,可以去问问得了绝症还在与病魔抗争的病人;如果你不知道一周的价值,可以去问问杂志社的编辑;如果你不在乎一小时的价值，那么去问问异地而居的情侣；如果想知道一分钟的价值，去问问刚错过飞机、火车的人；如果你不认为一秒有什么价值，可以去问问刚刚幸免于难的人；如果你认为一毫秒没有任何意义，去问问那些与奥运奖牌失之交臂的运动员。

莎士比亚曾说："放弃时间的人，时间也会放弃他。"不同的人对待时间的态度不同，就会有截然不同的一生。

洛克菲勒是美国著名的石油大亨，年轻时曾在洛杉矶生活过一段时间。他住的街道上有两家理发店，洛克菲勒经常去店里理发，每次都会找老板聊天，因此跟店里的老板都很熟。他发现，两位理发店的老板都是二十出头的年纪，其中一家跟街上大多数理发店一样，除了理发工具，还放着许多娱乐杂志供客人消遣，在等待顾客时，老板常自己拿来打发时间。另一家理发店里除了消遣性的杂志外，还有很多专业性的美容美发时尚杂志，还有一些关于创业方面的书。

10年之后，洛克菲勒再次回到当初生活的街道，发现第一家店的老板仍然是一名理发师，与10年前相比，只是多了一些理发的经验；而另一家店的老板已经创立了著名的连锁美容店。

这个故事告诉我们，我们每个人一生拥有的时间是有限的，把时间花在哪里，成就就在哪里。所以，我们要把更多宝贵的时间投入我们真正渴望有所成就的领域，把时间花费在值得做的事情上。

为什么我们的时间总是不够用

我们总能听到这样的抱怨："今天什么都还没做，时间怎么就过去了？""这件事别人两小时做完了，我做到半夜还没完成。""我都不知道自己在忙什么。"为什么会产生这些烦恼？很多人将原因归结为时间总是不够用，他们认为，如果再多给一点时间，一定能完成计划要做的事。可事实真是这样吗？

英国的历史学家、政治家帕金林曾在1958年对此进行过过长时间的研究和调查。他发现，同一件事交给不同的人去完成，所耗费的时间差异非常惊人。只要有足够的时间，工作就会不断扩展，直到把所有的时间用完。

例如，一位老太太闲来无事，想给远方的女儿寄一张明信片。于是，她花了1小时找明信片，花1小时找到了老花眼镜，接着用半小时选择要寄哪张明信片，再花半小时查地址，然后又花了1个多小时思考信里该写些什么话，最后出门寄信前花了20分钟找雨伞……她总共花了一天时间才把明信片寄走。而另外一个大忙人只花了20分钟就寄走了一沓明信片！

再比如，一项原本4小时就能完成的工作，如果我们安排了8小时去完成它，那么最终完成它的时间就是8小时。有的人一天就可以做完的事情，有的人可能要花2天时间才能完成。同样一件事，为什么不同的人去做，所花费的时间差别这么大呢？除了做事方法和效率不同，主要还在于时间观念的不同。

心理学家津巴多认为，人的时间观大致可以分为以下6种，不同的时间观不仅影响我们做事的效率，更决定了我们是活在过去、当下还是未来。

1. 当下享乐的时间观

这类人常常沉醉于当下的现实生活，只顾片刻的享受，虽然对生活充满热情，但做事往往随心而行，到最后往往会发现许多该做的事情没有做，时间都花在许多没有价值的事情上，比如上文提到的找明信片的老太太。

2. 当下宿命主义的时间观

拥有这类时间观的人，遇到复杂困难的事情时容易退却，他们觉得自己的力量太过弱小，于是放弃规划和努力，什么也不做，将一切交给了命运。

3.过往消极的时间观

一些遭遇过重大挫折的人,他们的脑中常常闪现不愉快的画面或者某种惨痛的经历,常常暗自懊恼,渴望做过的错事能一笔勾销。这类人往往活在悔恨中,认为今日的厄运都是过往种下的苦果,因此,无论做什么事都抱着消极的态度,认为自己无论怎么努力都无用,结果只会一样糟糕。

4.过往积极的时间观

与偏向过往消极的时间观的人相比,拥有过往积极的时间观的人,虽然也会常念过往,但他们怀念的是过去的美好时光。这类人喜欢追忆童年,且热衷于传统习俗,最喜欢各种家庭聚会。

5. 关注未来的时间观

拥有这种时间观的人大多心怀梦想,且脚踏实地,为了美好的未来,甘愿忍受艰苦乏味的现在。他们能按计划行事,能够抵御各种诱惑。他们是职场上的高效能人士,通常能做出一番成绩。

6.超越未来的时间观

还有一些人因为宗教或传统而形成了"超越未来的生死观",他们是因果论者,认为自己死后将跳出轮回,不生不灭,或者复活在永恒的神国。

在这6种时间观中,当下宿命主义的时间观、过往消极的时间观和超越未来的时间观会对现实生活造成阻碍，最好的时间观是关注未来的时间观、当下享乐主义的时间观和过往积极的时间观的平衡。这样既有长远的规划，又能在当下去实践，还可以回顾过去的成就，如此，时间才能花在有价值的事情上，才能管理好自己的人生。

我们和高效能人士的差距在哪里

周四上午9点，珍妮打开电脑，准备开始一天的工作。这时，她发现QQ头像一直在闪个不停，同学和老友跳出来问她这周末有什么安排，于是她边聊天边工作，一晃一上午过去了，计划的工作仅做了1/3。午饭时间到了，珍妮心想：反正下午还有时间，先填饱肚子再说。

到了下午，领导突然派她去拜访一位重要客户，于是原本计划好的工作顺理成章地推到了周五。周五一上班，一想到还要接着做昨天没做完的工作，珍妮的心情顿时就不好了，她决定听听音乐缓解缓解心情。到了下午，珍妮好不容易把大部分的做完，已经到下班的时间了，本来要处理的几个文件没时间看了，只好放到下周一。

这是珍妮习以为常的工作节奏，一年下来，她的工作业绩排名很靠后，看来升职加薪又无望了。

如果仔细梳理一下我们的工作和生活，会发现，大部分人都在重复过着这样的生活：在8小时的工作时间内，打开电脑后可能会花30分钟浏览各种资讯，午饭前30分钟开始无心工作，下午2点前无精打采，离下班还有20分钟就开始收拾东西等着下班，这还不包括由于个人情绪不佳导致的工作效率低下。仔细算下来，8小时之内，真正有多少有效时间花在了工作上呢？

在同样的时间长度内，为什么大部分人忙忙碌碌，到最后还是碌碌无为，有的人却做出了令人瞩目的成就呢？像比尔·盖茨、乔布斯、扎克伯格、马云和王健林等，他们又是如何管理时间的呢？

比尔·盖茨非常珍惜时间，他曾说："管理时间就是管理生命。"每天在工作开始之前，比尔·盖茨都会制定好行程表。他的行程表都是以5分钟为单位安排，每一分钟他都不会轻易浪费。这样，一天24小时被他切割成了许许多多个可以利用的时间段，在每个5分钟里都能让自己变得更加专注。如果工作行程有变化或会见客人的时间少于5分钟，他会拿出一本书来阅读。

虽然日常工作非常繁忙，比尔·盖茨每半年都会给自己留出一周的时间"闭关修炼"。在这段时间里，他会切断与外界的联系，反思自己的成败与得失，重新思考自己的人生道路和公司的发展规划。

王健林也是一个善于管理时间的人，他的一张作息时间表曾刷爆朋友圈。这张时间表显示，他凌晨4点钟起床，当大多数人还在睡梦中的时候，他就开始了1小时的健身；当许多人刚刚起床时，他已经健身完毕，吃完早饭，准备前往机场了。从印尼的雅加达到中国的海口，再到北京，24小时，2个国家，3座城市，他飞了6000千米，签了价值500亿元的合同。当上班族们在18：30下班回家的时候，王健林才刚刚回到自己的办公室处理其他的工作。

看完王健林的日程安排，许多人纷纷感叹："这就是富人和穷人的区别！"其实造成富人和穷人，或者说普通人和高效能人士财富差异、工作效率差距的一个重要原因，就是对时间的分配和管理。越成功的人，对时间管理得越严格、越精确；越平凡的人，越不懂得也不重视对时间的管理。

通过时间管理，我们可以获得什么

我们先来看一则故事。

周一早上，王浩在上班途中信誓旦旦地下定决心，今天一定要把部门下一年度的工作计划制订好。9点整，他到达办公室，打开电脑，准备开始工作。可是桌上的文件实在太乱了，需要的资料怎么也找不着，于是他决定先整理办公室。30分钟后，办公室看起来总算整洁有序了，他惬意地点燃一支香烟，打算稍作休息。这时他无意中瞥见一旁的报纸头版上刊登了自己喜欢的明星的照片，于是情不自禁拿起来浏览。20分钟过去了，计划还没开始做，王浩心里略感不自在，但一想自己作为部门经理怎么能不看报呢，这样为自己一开脱，心就放宽了。当他终于放下报纸，继续工作，这时一通顾客的投诉电话打进来了，王浩又花了20分钟，连解释带赔罪，才平息了对方的怒气。挂上电话，王浩去了趟卫生间，回来路过茶水间，咖啡的香味飘过来，部门的同事邀请他加入。他心想，刚接了通投诉电话，还无法马上平复心情投入工作，再说计划也不是一时半会儿就能做完的，于是在茶水间与同事有一搭没一搭地聊着天。聊完天回到办公室，精神果然好多了，他准备正式开始工作。一抬手看表，10：45！距离11点的部门例会只剩15分钟。王浩想，这么短的时间也不适合做如此庞大耗时的工作，还是明天再做吧。

在王浩身上，我们能看到许多普通人的影子，一开始信誓旦旦要做好一件事，结果总在各种各样的理由中浪费了大量宝贵的时间，本来今天能完成的事，一拖再拖，最终一事无成。

我们要做不放弃时间的人，就要对时间进行合理的规划和管理，我们要做时间的主人，而不是奴隶。那么，我们为什么要管理自己的时间呢？或者说，通过时间管理，我们能获得什么呢？

1. 掌握并运用时间管理的技巧

时间管理就是用技巧、技术和工具帮助我们完成工作并实现目标。时间管理的精髓在于分配时间。合理巧妙地分配时间需要技巧，任何技巧都需要学习并运用才能掌握。通过学习时间管理的技巧，我们可以最大限度地发挥时间的效力，从而提高我们的工作效率。

2. 打败拖延症

时间管理就是自我管理。自我管理能力差的人，往往都有拖延症，正如上文故事中的王浩一样。习惯性拖延的人，在时间管理上往往做得非常糟糕。"等会儿再做""明天再说"，这种明日复明日的拖延，不仅会打乱全盘计划，还会对人的自信心产生极大的动摇。时间管理的目标之一，就是要克服拖延的恶习，通过记录和管理自己的时间，认清自己的时间都花在哪儿了，并设法减少非生产性工作的时间，从而达到集中时间办大事的目的。

3. 形成有条不紊的工作作风

时间管理的目标并不是完全掌控时间，而在于降低变动性，它的意义在于透过事先的规划，提醒和指引人们有计划、有步骤地完成预设的任务和目标。一个善于管理时间的人，往往能分清轻重缓急，什么时间该做什么事情、什么事情不应该做，他都一清二楚，不管遇到什么情况，他总能让工作有计划、有步骤地进行。我们学习时间管理，就是要让自己成为一个做事有条理的人。

4. 平衡工作与生活

我们常常感叹工作太多，都没有时间好好感受生活。很多情况下，并不是工作多，只是自己的工作效率太低，时间管理能力不足而已。如果你仔细观察会发现，公司里职位越高的人，时间管理的能力往往也越强，而且他们很注重工作和生活的平衡。在工作之余，他们会尽量做到与家人一起吃早餐和晚餐，每年还会挤出一定的时间带着全家出去旅行。反而是职位低的人，天天除了工作还是工作，完全没时间和精力去顾及家庭和发展自己的业余爱好。我们强调时间管理的意义在于，尽可能让自己找到工作和生活的平衡点，除了全身心地投入工作外，还能分出一些时间给自己和家人。

不同行为风格的人，需要不同的时间工具

不同的环境和背景下成长起来的人，其性格特征和行为风格是迥然不同的，有的性格温和，有的个性强势，有的行事冲动，有的则趋向理性。在时间管理上，行为风格不同的人，需要的时间管理方法是不一样的。

那么，如何判断自己是哪种性格呢？美国的心理学博士威廉·莫尔顿·马斯顿曾创建了一套理论来解释人的情绪反应和个性特征，这套理论被称为"DISC理论"。DISC理论是根据一个人是急性子还是慢性子，是关注结果还是更关注人的感受等，将人的行为风格分为D、I、S、C，分别代表支配（Dominance）、影响（Influence）、稳健（Steady）和服从（Compliance）4种人格。DISC理论最早用于美国军方进行军人筛选工作，后来被普遍应用于员工招聘、经理人发展、团队构建等人力资源开拓方面。下面列出DISC理论供大家参考。

D型风格的人，注重目标结果，做事雷厉风行，抗压能力强，爱冒险且竞争意识强，有创新精神；要求严苛，常因周围人做错事或做事太慢而发脾气；是一个工作狂人，平时对家人缺少陪伴，对自己的健康状况也不太在意。

I型风格的人，自信乐观，善于交际，喜欢成为人群中的焦点；容易被各种新鲜事物吸引，讨厌按部就班的工作，也不喜欢做计划；每天忙忙碌碌，但常常忘记做最重要的事；常因交际太广泛，做事情无法太专注。

S型风格的人，亲切友善，是很好的倾听者和团队合作者，行事稳健，真诚有耐心；逻辑思维强，能适应重复乏味的工作；很在意他人对自己的看法，不懂得拒绝，有依赖心理；不喜欢太复杂的事，喜欢团队一起工作。

C型风格的人，个性谨慎谦恭，有责任心，分析能力强；追求完美，容易在细节和过程上耗费时间；喜欢验证和假设，也常因为可能的负面后果过度担忧。

适合D型风格的时间管理工具：潮汐

潮汐是一款利用白噪声（并非真的噪声，而是一种不会让人特别关注的环境音，像雨声、水声、鸟叫声等，让人感觉静谧和放松的声音）来使我们达到专注的一时间管理App，其界面简洁大气，内置几款不同的白噪声背景音乐,白天可以让我们保持专注,夜晚可以助眠。打开App,点击"开始专注"按钮,对应的白噪声会贯穿于整个专注时间。安卓或iOS系统都可以免费下载。

适合I型风格的时间管理工具:番茄土豆

这是一款结合了番茄(番茄工作法)和土豆(To-do List)的在线工具,可以直接在电脑上使用它,也可以在手机上下载安装App后使用。这款工具具有强大而简洁的任务列表,还有"标签""重要程度""快速置顶"等功能,高级版还有"子任务""提醒""重复"和"预计番茄数"等功能。这些功能不仅可以规划时间,还可以帮助我们保持专注,让我们完成更多工作。

适合S型风格的时间管理工具:Doit.im

Doit.im采用了任务管理理念"GTD理念"(时间管理大师戴维·艾伦提出的一套经典时间管理模式),每个任务都可以按照日期、日程来安排,同时支持子任务和标签分类等操作。这款工具可以帮助我们有条不紊地组织规划各项任务,轻松应对各项庞大繁杂的工作。可以在网站(http://doitim.com/cn/)下载安装使用。

适合C型风格的时间管理工具:Forest

"Forest"即森林的意思,这款手机App是基于番茄工作法的原理,将专注与"植树"相结合,在使用Forest时,可以为我们手机里的虚拟森林植树。每完成一个番茄时钟就可以种植一棵小树，一旦我们使用手机造成中断，种植的树苗就会枯萎甚至死掉。在完成一个番茄任务时，可以对这棵树进行标签定义和备注。当森林变得茂密时，心中就会收获巨大的成就感。这款手机App适用于爱玩手机而造成时间浪费的人。

当心！ 别走进时间管理的误区

时间管理的意义并不仅限于管理时间、提高效率、实现某些目标，更重要的是管理好我们自己的人生。时间管理不仅是一门知识、一门技术，更是一种能力。我们在学习时间管理时可能会存在一些误区，如果不加以重视，可能会使我们走向错误的方向。

误区一：时间管理就是在短时间之间做更多的事，提高效率

时间管理做得好不好，并不在于任务完成了多少、是否全部完成，而在于完成的事情是否与目标计划相一致。比如，同样花4小时，上午按计划完成了一份项目计划书，下午处理了10封邮件、电话回访20位客户、参加了60分钟的部门会议，你能说下午的工作效率更高吗？所以，对于时间管理来说，质量高于数量，我们要走出

"在有效时间里完成更多任务"的误区，不要自欺欺人地给自己安排大量没意义或根本无法完成的任务，这样做只会让人沮丧。

误区二：时间管理一定要找个完美的工具才可以开始

时间管理，就是要管理我们自己，关键在于发挥人的能动性和自制力，工具只能起到辅助的作用。初学者最容易出现的一个问题就是，一开始把大量的时间花在尝试各种工具和软件上，总觉得自己时间管理做得不好，是某个工具不适合自己。其实，最重要的是根据自己的实际情况做好相应的规划，我们的目的是根据规划安排好自己的时间，而不是用时间来测试工具和软件的优缺点。

误区三：时间管理就是要让自己时刻像机器人一样按计划行事

有人认为时间管理会让人变得像机器人一样按部就班地做事，非常无趣；还有的人觉得计划总是赶不上变化，做计划没必要。其实，时间管理就是要帮助我们尽可能地把需要做的事情安排好，然后没有压力地去做一些自己喜欢的事情。好的时间管理一定会给自己留出一些机动时间，而不是像机器人一样完全按照计划行事。人的时间和精力毕竟有限，很多时候变化太多又缺乏规划，就容易与自己最初的目标背道而驰。

误区四：大忙人才需要时间管理

大忙人当然需要时间管理，这样能帮助他们有条不紊乱地处理好各种琐事、要事。那么，不忙的人就不需要时间规划了吗？想想自己为什么不忙呢？是不是你不知道自己要做什么，没有目标，也没有价值感呢？如果是这样，你更加需要时间管理。时间管理可以帮助你把尽可能多的时间用于有意义的事情上，而不会让你的注意力漂移不定，盲目无措。

技巧篇

超好用的 68 个时间管理技巧

第一章　时间管理：时间分配法则

01. 掌握80/20时间分配法

意大利经济学家帕累托在研究19世纪英国人的财富和收益模式时发现，财富在人口分配中存在着极大的不平衡，80%的财富都流入20%的人手里，而且这种现象在不同时期或不同国家都普遍存在。于是，帕累托认为，在人类活动中，原因和结果、投入与产出、付出与回报之间存在一种内在的失衡，这就是80/20法则，也叫帕累托法则。

80/20法则应用到日常生活中，分配比例不一定如此准确，但对于商业活动、管理活动和个人工作来说，是具有重要意义的。比如，对于企业来说，80%的营业额通常来自20%的企业产品或销售渠道；80%的利润往往来自20%的客户；对个人来说，80%的时间被用于处理无关紧要的琐事，只有20%的时间才是真正高效的。

在我们的日常工作中，80/20法则同样具有特别的价值。我们要把注意力和时间集中在具有关键效果的重要事情上，掌握了最关键的20%，就掌握了另外的80%。

潘妮大学毕业后，应聘到一家企业做总经理助理。总经理向她介绍了公司的情况和现状，并且交给她两件事情，一件是解决公司资金周转问题，另一件是处理员工日常供给问题。

潘妮心想，解决公司资金周转虽然重要，但不是十分紧急，解决员工的日常所需不重要但紧急，那就哪个紧急先处理哪个吧。但是公司琐事太多了，每天都有人来找她反映问题，而且这些问题看起来都很着急，她不得不在各个部门间跑来跑去，几乎把时间都用在处理日常琐事上。当总经理问她另一项工作进展时，她才发现自己把最重要的事情给忘了。总经理认为潘妮不善分配和管理自己的工作时间，以不适合助理这项工作为由将她辞退了。

在职场上，像潘妮这样不善管理时间的人很多，他们不明白，处理工作中的事情有一个重要原则，那就是先处理最重要的工作，而不是先处理最紧急但不那么重要的工作。那么，我们如何应用80/20法则来帮助我们利用20%的时间抓住80%的要事呢？我们可以用时间象限法。

第一象限：重要且紧急的事。主要分两种情况，一种是突发性的重要工作，如领导突然指派某个员工去拜访重要客户；还有一种是原本属于第二象限，因为没有及时处理，转到第一象限的。

第二象限：重要但不紧急的事。比如，年终总结、工作计划、项目计划书，等等。

第三象限：不重要但紧急的事。主要是日常琐事，如接听来电、处理客户投诉等。

第四象限：不重要且不紧急的事。这类事情现在或将来做不做，不会对自己的工作产生较大的影响，如浏览新闻、看电视、找朋友聊天等。

我们可以把工作任务进行分类，把它们划分到不同的象限里，然后再按照紧急和重要程度处理。要把20%的时间投入第一象限和第二象限中，完成80%的要事，剩下的时间再考虑处理第三象限的事情，如果还有时间，再考虑那些不重要且不紧急的事。

02. 时间管理与短跑理论

很多人刚做好一份工作计划时，或者拿到领导分配的一项重要工作时，踌躇满志，想要大干一场；随着时间的流逝，再加上工作遇阻，一腔热血就会慢慢被恐慌和焦虑所代替，到最后草草收场。

有的人感觉自己越来越难以集中注意力做一件事情，而且每次专注做事的时间越来越短。原来可以安静地看书30分钟以上，现在看了不到10分钟，就要看看手机，否则就会感觉很烦躁。如果你也是这样，那么你该学点时间管理技巧了，相信短跑理论可以帮到你。

什么是短跑理论？就是我们在短跑时，如果感觉体能快耗尽，要快速地让自己跑起来，感觉快要跑不动时，给自己一点积极的心理暗示，让自己坚持一会儿，再坚持一会儿。

短跑理论的本质，是指每个人专注解决问题的状态都是可以持续的，就像电动车的电池一样，即使用光了，还可以给它充上电，让它继续工作。短跑理论的原理，在于通过自身精神激励的重复性冲刺，最终固化内在的行为习惯。

短跑理论是帮助我们改善注意力、提高效率的好方法，使用方法很简单，大致可分为以下3步。

选定目标：选择平时很想做，但因为缺乏意志力而没有做成的事情。比如说，强制自己每天6点钟起床，每天慢步30分钟等。

制订计划：当一种行为或者想法重复21天，就会变成一个习惯性的动作或想法，所以计划的执行时间不能少于21天。

暗示巩固：每次完成预定目标后，暗示自己下次时间可以稍长点，或者强度可以加大一点点。比如，刚开始健身30分钟，完成后暗示自己下一次坚持35分钟，再下一次坚持40分钟……久而久之，你会发现每天进行长时间的锻炼已经成为习惯，不需要刻意坚持。

短跑理论实施起来有两个关键因素要注意，就是刚开始要保持一定的频次和质量，并且每一次的目标完成程度要高于前一次。初次高频次的重复是为了好的行为习惯的养成，每次有效完成并且完成程度超过前一次，是为了产生积极的心理暗示，这样，久而久之，我们的收获会比初期大很多。

坚持短跑理论的好处在于，通过每天重复做，且每次多做一点，可以在计划制订和实施过程中形成比原计划多做一点点的习惯，久而久之，量变引发质变，你的工作和生活将会发生很大的改变。

03. 时间管理中的墨菲定律

生活中，经常会遭遇"怕什么就来什么"的尴尬。例如，有段时间你天天带着雨伞，可总也不下雨，有一天不想带雨伞了，天却下起了雨；平时不打车的时候，发现有很多空出租车在你身边穿梭，但真有急事需要打车时，发现怎么也打不着车；当你捧着一堆东西,心里想着别掉了,结果就真的掉下来了……

越害怕发生的事情就越会发生,这就是著名的墨菲定律。墨菲定律是美国的一名工程师爱德华·墨菲做出的著名论断,他认为事情如果有变坏的可能,不管这种可能性有多小,它总会发生。

在时间管理中,我们也能看到墨菲定律的影子。例如,与客户约定某个时间面谈,你不希望因迟到给对方留下不好的印象,尽管你提前准备,但还是因堵车迟到了30分钟;客户找你订一批货,你希望按期交付,却在截止日期快到时,因为某台机器故障或者某个人的问题而让进度陷入停滞;你的上司因某件小事对你产生误解,你急于解释,结果越描越黑……

从墨菲定律中,我们可以得到一些启示:容易犯错是人与生俱来的弱点,无论科技多么发达,我们解决问题的手段多么高明,有些不幸的事情总会发生,所以,我们应该尽可能地想得周到、全面规划。如果不幸或者损失真的发生,我们应该坦然地面对,认真总结经验,尽量弥补错误,而不是试图忽略或掩盖事实。

具体来讲,我们可以从以下几个方面着手。

(1)事先周密计划

我们所做的任何一件事情都不像表面看起来那么简单,其背后往往隐藏着很多问题或者原因,如果只是简单地对待,不去深入探索、谨慎分析和周密计划，很可能把事情搞砸。所以，在开始做一件事之前，一定要了解清楚事情的前因后果，并设想各种可能发生的情况，判断事情发展的趋势，尽量减少小概率事件的发生。

（2）预留出一定的时间

事情实际所花费的时间通常比你预计的时间长。《西游记》中，唐僧对唐太宗说预计需要三四年的时间将真经取回，实际却足足花了14年的时间。所以，对于越庞大越复杂的事情，尤其是自己不熟悉或没把握的事情，我们在做计划时，就要多预留出一些时间。根据墨菲定律，即使你事先想得很周到，它还是有可能在你意想不到的地方出错，这时就需要多预留一些时间来进行补救。

（3）建立应急预警机制

既然错误无可避免，最好的应对之法就是事先建立预警机制，对各种可能发生的情况和问题，提前想好应对的策略和解决办法，必要时可以组织相关人员进行模拟演练。这样，即使错误发生了，我们也能在短时间内迅速解决，从而避免因事态扩大而产生更严重的后果。

04. 利用好15分钟法则

很多人已经意识到时间的重要性,也尝试用过多种时间管理的方法和工具,但都不奏效,最后还是败给了拖延症。他们也知道问题所在,但就是无法马上进入工作状态,一件事情总是要拖到最后一刻才开始。每次坐下开始工作时,总会先做一些无关紧要的事情,比如说看新闻、刷微博、刷朋友圈,或者浏览一些其他的网站,并且自我安慰:"开工前10分钟先让自己放松一下,待会儿才能集中注意力工作。"

如果你也是这样的人,并且想做好时间管理,那么有一个方法或许适合你,那就是15分钟法则。

我们可以试着按下面的步骤来做。

① 明确自己要做的正事。

② 把所有的干扰因素排除,让它们至少在15分钟内不来打扰你。

③ 尝试把注意力放到要做的正事上并坚持15分钟。

④ 15分钟后,看看自己是否还能坚持,如果是,那么继续做;如果坚持不住,就放弃或做其他事情。

按这个方法实施15分钟后,通常是停不下来,你会发现,原来没动力做的事情，现在变得很乐意去完成它了。就好像看一本书，原本没兴趣，偶然读到里面有意思的片断，就想一口气把剩下的章节也读完。

为什么这个方法有效呢？

首先，它的时长很合理，对于拖延症患者来说，15分钟不会让人感觉到压力，坚持一会儿就过去了。

其次，排除了干扰，让人更专注。习惯性拖延的人，往往容易受各种外在因素的干扰，去掉这些干扰项，人的专注力才会放在要做的正事上。

最后，比较灵活，自由度高。15分钟到了，是接着工作还是玩，可以自由选择。如果状态不错，可以接着工作；如果累了，那就让自己好好放松一下，不过前提是之前的15分钟必须是沉浸式的、高效的。

05. 记录你的时间日志

也许你会有这样的感觉，生活很忙、工作很忙，需要面对和处理的事情实在太多了，工作的事情，家庭的事情，琐碎的事情，都需要时间去解决。可每天即使忙得团团转，还是难免顾此失彼，总觉得时间不够用。那么，我们每天的时间都去哪儿了呢？

时间管理可以给我们答案，写时间日志就是一个不错的办法。你可以准备一张方便随身携带的日志表，将它放在你的衣服口袋或者手提包里，需要记录时间的时候拿出来写一下。

等一天结束后，把日志表拿出来，看看自己这一天都做了什么事，有哪些时间花在了无意义的事上，哪些重要的事上花的时间过少。下次制订计划时，再对时间进行相应的调整。

时间日志看似很简单，把每天所做的事情一一记下来就行，实际上并不是这么容易，还有一些技巧。我们可以按以下的步骤来做。

①首先要明确一天的任务，把计划要做的事情一一罗列出来。

② 赋予每项任务意义，即为什么要做这件事、要达到什么样的目标等。

③预测每项任务完成需要的时长。

④按照重要性和紧急程度给任务进行分类，可以参考前面提到过的时间象限法。

⑤每完成一项任务，就记录好实际所花的时间。

⑥一天结束后，及时分析总结。

记录时间日志的关键在于，事先要有规划，不要忘记给它们排好优先次序，并且记得写下每件事情实际完成的时间。可以先坚持一个月看看，注意不要间断，即使周末也不例外。一段时间后，你会发现自己慢慢变得有计划性，而且对时间变得更敏感了，会知道每件事可能要花多长时间，做出来的计划也一次比一次贴合实际。

06. 设定好时间结束点

美国和日本曾经就一项汽车贸易协议进行谈判，双方都不肯让步，谈了两年都未能达成谅解，然而就在美国宣布对日本进口汽车实行高关税前的几个小时，协议终于签订了。

这就是最后期限的作用。随着最后期限的到来，当事人内心的焦虑和压力会骤增，会下意识地寻求尽快解决问题的办法，或者改变自己原先的主张。

通常女性出门前总会为穿衣打扮犯愁，如果你不给她最后期限，可能花2小时还没决定好穿哪套衣服，如果你说10分钟后楼下见，那么她很快就能决定好穿哪套衣服。我们在工作中也是这样，如果不设置最后期限（Deadline），一项任务可能会一直被拖延下去。

费城网络优化公司Trinity Insight组织的创始人克雷格·史密斯（Craig Smith）曾做了个实验，他把原定项目的完成日期提前了一个星期。结果显示，团队在成员没有增减的情况下，非常出色地完成了这个项目，少一个星期没有对结果产生任何影响。

设定时间结束点的意义在于，可以激发一个人的专注力和执行力，让人自动忽略掉一些无关紧要的细节，把事情精简，从而有利于提升效率。

相反，如果一件事情没有明确的时间要求，人们会把时间和精力放在旁枝末节上，还会因为拖延而变得毫无效率。

比如，一项工作要求在3天内完成，很多人会在第三天才开始处理，前一两天都在构思和酝酿，总认为还会有更好的方案，到最后反而陷入纠结，不知道选择哪套方案好。如果把期限缩短一些，改成一天或两天，反而能迅速做出决策，果断行动起来，从而更高效地完成。

不过，在设定时间期限时，要注意并不是时限越短效果越好，我们要事先了解每项任务一般要花多长时间，这样能帮助我们设定更精确合理的时限。

在设定时限时，还要针对不同的工作属性作出相应的调整。对于重复性高的、难度较小的，或者较熟练的工作任务，可以把时限提前一些；对于一些需要创意或需要与人沟通的工作，时间不宜设定得太短，比如在访谈中遇到了健谈的对象，时间太短达不到效果；对于长期项目，设定最后期限很有必要，如果不加时限，很容易让人觉得没完没了。

07. 让你的时间安排头轻脚重

法国的一位心理学家齐加尼克曾做过一个著名的实验：将自愿参加实验者分为两组，分别让他们同时完成20项工作。虽然受试者接受任务时都处于紧张状态，但顺利完成任务者，紧张情绪逐渐消失；而没有完成任务者，紧张情绪持续存在，并有加剧倾向，他们的思绪被那些没有完成的工作干扰，心理上的紧张感难以消失。

这种现象被称为齐加尼克效应。简单地讲，齐加尼克效应就是一个人因为工作或其他事情带来的压力，导致心理上过度紧张。

想象一下，如果你是一名学生，将要参加一场重要的考试。拿到试卷后，第一道题就把你难住了，那么你的心里一定会不由自主地开始紧张，后面的题目你就会没有信心做下去了。

工作中也是一样，当需要解决的事情很多时，如果前面的任务完成得比较顺利，剩下的任务也能很轻松地得到解决；但如果前面的任务遇阻，我们必须集中全部的精神和注意力来应付它，后面的任务很可能就会被搁置。

那么，我们该如何安排自己的日程呢？可以试试让你的时间安排头轻脚重。在刚开始一天的工作时，人的注意力往往难以集中，工作状态不是最佳的，此时可以安排一些容易做的、花费时间少的、不太费头脑的工作，比如说处理邮件、打印文件等，然后再安排难度稍大些的工作，比如电话回访客户、制订销售计划等。

经过前面这些工作"热身"后，这时人已经完全进入工作状态，精神和注意力比较集中，再处理那些稍有难度且费时的工作，效率会更高。

使用这种方法进行时间分配时，有几点要引起注意。

①任务比较多时，一定要先分清轻重缓急，不能单从完成的难易程度和花费时间多少来衡量。

②头轻脚重只是相对而言，并不是把所有细小的事情都放在前面处理，而把最难的事情放在最后，这样可能等你处理完所有琐事后已经筋疲力尽了，再没有时间和精力做那些难处理且重要的工作。

③头轻脚重的时间管理法，比较适用于某个小的时间段，比如说一天中的上午或下午，一周或一月中的某几天。我们可以把一个完整的时间段切分成几个小的时间单元，在每个时间单元中采取这种时间管理法效果更好。

08. 每天留出一点弹性时间

时间是稀缺资源，有的人认为让自己整天忙碌起来，这样的生活才充实。但人的精力毕竟有限，而且人的情绪是有起伏的，今天或许可以满负荷地工作一整天，但天天如此，人的身体和心理就容易出现问题，这也脱离了我们进行时间管理的意义。

我们进行时间管理的目的在于，在有效时间内，更加专注和高效地完成更多有意义的事情。如果每天的计划和行程都安排得太满，超出了自己承受能力的极限，这样的时间管理会让你很不舒服，也就很难坚持下去。很多人办事拖拉，原因可能就是任务安排得太满，时间又太紧，望而生畏，内心产生了抵触情绪，于是事情就被拖延着。

我们常说，计划不如变化，变化不如领导的一通电话。本来今天上午要把方案稿写出来，突然领导打来电话让处理个紧急任务或者查个资料。等把领导交代的事情都忙完后，领导开始问方案的事情，你只能说还差一点，领导说"年轻人办事要提高效率啊"，你可能会觉得无奈和委屈，觉得领导太不近人情了，但问题可能就出在你的时间管理上。

工作中遇到一些意外情况是很常见的，处理这些事情同样会占用你的时间和精力。如果时间安排得太满，缺乏弹性，很容易导致计划因意外情况而中断，如果到期无法完成预定任务，就会感觉紧张、焦虑和沮丧。明智的做法是每天预留出至少1小时的机动时间，工作时尽量把必须完成的工作提前完成，这样即使被打断，也不容易产生焦虑和烦躁情绪。我们虽然很难预料到每天都会有哪些计划外的事情需要去做，但如果留出一点缓冲时间，就能以不变应万变。

比如，今天突然有一位重要的客户到访，我们可以把预留时间用来接待客户，也可以用来应对计划外的部门会议。当天的工作完成了，没有什么计划外的事情要处理，那么剩下的1小时可以用来处理一些琐事，比如检查邮件、处理一些书面工作、整理一下自己的办公桌，也可以什么都不做，好好休息一下。

总之，不要把自己的时间安排得过满，这样容易产生被时间牵着鼻子走的感觉，觉得自己的生活就是在不断地追赶时间，被时间控制了，这样的人生将变得毫无生趣。如果每天给自己一些自由的空间，你在工作和生活中将变得游刃有余，一切都会更加顺畅。

09. 学会最大限度利用业余时间

爱因斯坦说："人的差异产生在业余时间。"胡适也曾说："一个人的前程往往全靠他怎样利用闲暇时间，闲暇定终身。"业余时间是一笔宝贵的财富，我们能不能利用好业余时间，决定了我们的现在和未来。

我们知道经济学上有一个专业术语叫"可支配收入"，是指从个人收入中扣除税金和各项公共保险费后所剩下的可自由支配的金额。那么，如果把这种观点套用在时间上，就有了"可支配时间"，即除去工作时间、睡眠时间以及上下班路上耗费的时间，一天中所剩下的可自由使用的时间。

我们每天有多少业余时间可供自己自由支配呢？假如，我们一天工作8小时，睡眠8小时，上下班路上花费2小时，再除去吃饭时间，每天至少还有2~3小时的业余时间，如果再算上周末，时间就更多了。那么，我们该如何最大限度地利用好这些业余时间呢？有以下三点建议可供参考。

（1）利用成本思维分配时间

我们每天实际可支配的时间就这么多，如果花在这件事上的时间多了，那么花在其他事上的时间相应就减少了。这些时间就像金钱，可以用来投资，也可以用来消费。比如，我们在空闲时看书、学习或运动，这些就算是投资，因为它能给我们回报；如果我只想把这些时间花在玩游戏、看电视剧上，这就属于消费，时间消费了就没有了，并不能给我们带来实际利益。所以，我们在决定做某件事前最好先判断一下，这件事有没有意义，能给我带来什么样的回报。

（2）给自己定一个目标

当我们意识到自己有很多空闲时间可以用来做某一件事情时，效果通常不会太好。这件事能不能坚持下去，很大程度上要视心情而定。但如果设定一个目标，然后将目标进行分解，让自己每天都知道要做的事情以及要达到的效果，就相当于给自己设定了一个监督机制。比如，你想在15天之内读完一本专业书籍，那么可以先翻看一下这本书一共有多少页，再计算一下每天需要完成的阅读量，然后再持之以恒地坚持去完成一个一个的小目标。

(3)重视你要做的事情

我们知道健身对我们有好处，也信誓旦旦地给自己定下过目标，但为什么大多数人还是没能坚持下去呢？是真的没有时间吗？那为什么可以花一两个小时闲聊天、睡懒觉或者玩游戏？很多时候，没有动力坚持做一件事，起因在于没有给予足够的重视。就拿健身这件事来说，多一天或少一天好像没什么差别，但日积月累，长期健身的人和从不健身的人，体能和意志力方面的差异是很大的。所以，要重视且持之以恒地坚持你想要做的事情。

10. 按精力周期分配时间

时间管理说到底其实是自我管理、精力管理。大部分人管理时间的方法就是一直工作，直到精疲力竭为止，然后短暂休息到感觉不累时再继续工作。这就好比给手机充电，一直用到手机关机，然后等电充到刚够开机的电量又匆忙继续使用。这其实是一种糟糕的时间和精力管理方式，人在这种情况下，精神状态会越来越差，工作效率也会越来越低。

如同人的情绪会出现周期性的变化一样，人的精力也会出现周期性的起伏。人在每一个小时、每一天和每一周的时间里，精力状态都在发生变化，并且有规律可循。我们最好遵循其内在的规律来安排我们的工作和休息时间。

（1）一小时周期

不少人都会有这样的体验：全神贯注地做一件事情，过一会儿就会感觉疲劳，注意力分散，做事效率开始降低。这是因为，人的注意力只能保持45~90分钟，最长不超过120分钟。超过这个时间，大脑就会消极怠工。所以每工作1小时，最好主动休息一会儿。你可以离开办公桌，活动一下身体，极目远眺一下，或者和同事聊聊天，这都可以帮助你放松身心，迅速恢复活力。

（2）一天周期

一天当中的不同时段，大脑的活动效率是不一样的，掌握其中的规律，安排恰当的工作，可以让你变得更高效。比如，早上起床后，大脑消除了前一天的疲劳，脑神经处于高度活跃的状态，此时适合开展计划性的工作。上午，人的精力充沛，大脑保持严谨且周密的思考能力，此时用来处理一些富有挑战性和需要创造力的工作，效率更高；下午，人的精力明显减弱，工作动力下降，此时更适合处理沟通性的工作；晚上睡前1小时，大脑的记忆能力最佳，适合学习或者处理需要记忆的工作。

（3）一周周期

高效工作者会根据自己在一周中的精力状态来安排自己一周的工作。周一，人的生物钟还没有从周末的休息状态中调节过来，这时并不是埋头工作的好时机，最好做一些工作规划或分派任务等；周二，人的状态明显好转，工作的积极性明显提升，此时处理一些棘手的问题往往比较顺利；周三，人的精力依然充沛且思路活跃，适合开展头脑风暴或者制定战略决策；周四，人继续埋头工作的意愿明显下降，但开展一些沟通性的工作反而效果更好；周五，预示着一周工作即将结束，人的心态放松，心情愉快，此时不妨用来梳理一周的工作，将需要决断的事情迅速处理完，这样就能轻松度周末，准备迎接下一周的工作了。

第二章 时间管理：目标任务完成法则

11. 制定周/日目标

我们每天都在忙忙碌碌，但同样都在忙，有的人始终在原地打转，而有的人看似不紧不慢，但事情都在他的计划中，最终总能获得圆满的结果。我们要想成为做事可靠且效率高的人，首先要具备时间意识，懂得时间管理，善于制订计划。

爬过山的人都有这样的体会，如果让你一口气爬到山顶，没多少人能做到。但如果每爬200米就休息一会儿，看看风景，拍拍照，等休整好了再接着爬，估计大多数人都能登上山顶。这就是把目标细化的作用。在我们的日常工作和生活中，要克服懒惰、拖延和畏难情绪，行之有效的解决办法就是制定周/日目标。

制定周/日目标可以把一个大的目标（周目标）分解成一个个小目标（日目标），这样我们完成任务时不再有遥遥无期之感，每周和每日的目标清单会让我们更具有目标感和紧迫感。任务进展到什么程度，预计什么时间完成，只需要查看清单便一目了然。

方法很简单，只需要准备日目标和周目标两个清单。

①每周最后一天，在周目标清单中列出自己下一周计划要完成的所有任务。

②一天结束时，把周目标中的工作挪到新的日目标列表中，这就是第二天需要完成的任务目标。

③一旦完成了当天的目标，那么这一天的工作就结束了，不再额外增加任务。

制定周/日目标时，一定要计划得当，要注意，每天的目标任务数量不要太多，以3~5项为宜，且每一项小目标都要有明确的完成时间要求，当天的任务完成后，就可以休息，不必超前完成任务。如果你发现自己上午就把当天的所有任务都完成了，或者到晚上了还没完成当天的任务，这可能是计划不当或者不知道每项任务完成的大概时间，从而导致时间和精力不匹配。

所以，制订周/日计划前，不妨先做一个星期的生活日志，记录好每件事情开始和结束的时间，这样对每个任务的完成时间就有了初步的把握，在此基础上做出来的计划会更具有可行性。

12. SMART 目标管理原则

判断哪些事情是我们需要去做的之后，接下来就要将这些事情变成一个合格的目标任务。那么，什么样的目标才是合格的呢？我们可以参考目标管理中的SMART原则进行判断。

SMART目标管理原则是由管理学大师彼得·德鲁克（Peter Drucker）在他的著作《管理实践》中提出来的，他认为管理者一定要防止陷入"活动陷阱"，在工作中不能只顾低头拉车，而不抬头看路，最终忘了自己的主要目标。另外，企业要设计一套完整的绩效考核体系，以帮助企业实现高效运作，这就是著名的SMART目标管理原则。

"SMART"是五个英文字母Specific（具体的）、Measurable（可测量的）、Attainable（可实现的）、Relevant（相关的）、Time-bound（有时限的）的首字母简称。

S（Specific）：目标必须是明确的，要用具体的语言准确地描述出要达到的行为标准。比如，我们要提升业务能力，"业务能力"这种说法过于抽象模糊，无法准确判断自己是否达到目标了。目标应该是越具体越好，比如可以换成"业绩提升5%"，这样就清晰多了。

M（Measurable）：目标必须是可衡量的，可用明确的数据作为衡量目标是否达到的依据，如果无法用数据衡量，就无法判断目标是否实现。比如说，要对所有员工进行业绩考核，合格者将会根据工作表现进行加薪，这里的"合格"并没有交代清楚判断的依据，可以将"合格"换成"业绩考核评分在85分以上"或者其他更明确的标准。

A（Attainable）：目标必须是可实现的。目标定得太高或者太低都不行。目标脱离实际，经过艰苦的努力还是无法实现，不仅打击人的自信心，还会对下一个目标的完成造成消极影响；目标太小了，太容易实现，容易让人放松懈怠，失去进步的动力，从而耽误时间，影响其他目标的实现。所以，一个合格的目标应该是在执行者的能力范围之内，但又有一点挑战的。比如，下个季度销售业绩提升3%，这样的目标就比较合适，能激励自己付出努力，实现的概率很高。

R（Relevant）：目标必须紧密相关。如果实现了一个目标，但这个目标与其他目标并无关联，或者关联度很低，那么这个目标即使实现了，意义也不大。比如，一名程序员的目标是学好法语，学习一门外语固然好，但这个目标与本职工作并没有直接的联系，完成它所能产生的效用就十分有限。如果把学法语换成学习 Python，这就是和工作紧密结合的，它对工作的助益效果就会很明显。

T（Time-bound）：目标必须有完成期限。比如，在2020年3月31日之前完成某个项目，"2020年3月31日"就是一个确定的时间限制。假如没有这样的时间要求，除了造成拖延，还不利于目标考核，或导致考核的不公。所以，在制定目标时，要根据工作任务的轻重缓急拟定完成目标任务的时间要求，并定期检查目标的完成进度，再根据进展情况及时地调整工作计划和目标。

SMART目标管理原则不仅适用于团队或个人的目标制定，还可以为绩效考核提供目标和参考标准，它可以使考核更加科学化、规范化，更能保证考核的公正、公开与公平。

13. 长期计划与短期计划相结合

要做好时间管理，就少不了制订计划。一提到计划，人们想到的多是今天要干什么、明天需要做什么事，稍远点就是这个月要完成什么目标，再往远了就没什么规划了。而缺乏长远规划，正是很多人管理不好时间的主要原因之一。

时间规划不仅包括短期计划，也包括长期计划。这里的长期计划可以是每月、每季度、每年，甚至数年的计划，短期计划则是每小时、每天或每周的计划。如果只有长期计划而没有短期计划去落实，目标就如雾中花、水中月般不切实际；如果只有短期安排而缺少长远规划，则会让自己迷失在日常琐碎事务中看不清前进的方向。所以，我们在制订计划时，要注意把长期计划与短期计划结合起来。

（1）年计划

对于职场人士而言，年计划显得尤为重要。一年的时间可以完成很多事情，也可能在浑浑噩噩中度过。有的人工作出色、升职加薪，迈向了新台阶，而有的人还在埋怨工作太多、经常加班。与其抱怨，不如先给自己做个一年的规划，设计一下未来一年自己要实现的目标。在制订年计划时，可以先简单地列个大纲，不必做得过分详细，以免计划跟不上变化，反而失去了计划的作用。

（2）月计划

月计划在整个计划中起着承前启后的作用，它既与年计划相辅相成，又与周计划相得益彰。它是落实年计划的第一步，我们在确定好年度目标后，要把大目标进行分解，然后划分到12个月里。每个月的目标再进一步分解到每一周的目标任务列表中。所以，相对于年计划，月计划要求做得尽量详细，最好具体到每一周都需要完成什么样的目标。

（3）周计划

周计划和月计划类似，都是将目标逐渐细化的过程。周计划可根据年度计划和月计划去制定，注意要把一周内的日程安排都考虑进去，其中还应加入一些临时性但重要的工作（年/月计划中没有的），并且周计划一定要明确目标、完成方法、开始和完成的时间，如果是团队计划，还要具体到责任部门和责任人等。

（4）日计划

做日程安排时，时间、内容的安排要保持一定的灵活性，或提前准备几套预案。对于一些确定性的任务，我们可以在前一天的晚上将它从周计划中挪到第二天的日计划列表中去，或者在当天正式开展工作前先列出来，让自己明确当天的新目标。注意不要把确定的任务安排得太满，给不确定性的任务预留出一定的时间，这样不容易打乱原有的计划。

不管是年计划、月计划、周计划还是日计划，它们之间存在着内在的逻辑关系，我们不能把它们孤立起来对待。在制订计划时，既要考虑长远目标，更要落实到日常的具体行动上。计划一旦制订好了，就要坚定地去执行。

14. 六点优先原则

我们每天要处理的事情很多，随时会响起的电话、数不清的临时会议以及推不掉的社交活动都让人头疼不已，但又不得不丢下手头的工作去面对。于是，很多人不知不觉成了职场中的"消防员"，哪里需要往哪里扑，把工作当成了不断地"救火"。

这样的人往往有一个坏习惯，那就是分不清事情的轻重缓急，任何事情总是要等到迫在眉睫了才会动手去处理，结果总是毫无章法地忙乱，把自己弄得疲惫不堪不说，还毫无效率。如果你是这样的人，不妨试试六点优先原则。

六点优先原则最早由著名的美国效率专家艾维·利提出。有一次，伯利恒钢铁公司的总裁找到艾维·利，向他求助，这家公司效益不好，已经濒临破产，总裁希望艾维·利能帮忙出谋划策，拯救公司。

艾维·利在了解该公司的详细情况后，给出了一个方案。他拿出一张纸，让对方在纸上写下明天要做的事。总裁把第二天要做的事和平时常规要做的事一一列在纸上。艾维·利又让他从中选择他认为重要的事，然后按照重要程度依次排序。总裁仅用了几分钟就把挑出来的6件事标好了序号。

然后艾维·利告诉总裁："这就是我给你的方法。从明天起，先全力以赴地完成第1件事，然后做第2件事，以此类推，直到把这6件事都完成。坚持一段时间后，如果你认为有效，可以推行至高层管理人员，如果依然有效，可以继续往下推行，直到你公司的每一位员工都使用这个方法。"

总裁接受了艾维·利的建议，马上将这个方法付诸实践。很快，这家公司慢慢有了好转。5年后，伯利恒钢铁公司从一家濒临破产的公司转变为美国最大的私营钢铁企业之一。

艾维·利因此收到伯利恒钢铁公司总裁寄来的2.5万美元的支票酬劳。这一时间管理方法也被管理学称为"价值2.5万美元的时间管理方法"，其核心就是六点优先原则。

六点优先原则看起来很普通，但真正坚持做下去，就会发现内有乾坤。首先，我们要将生活和工作中的大小事情进行排序，再挑出6件事，然后按照重要和紧急程度来依次来完成。完成这6件事，就相当于用20%的精力获得了80%的回报，只要保质保量地完成这6件事，我们每一天的时间就能高效利用起来。

15. 剥洋葱法和多杈树法

我们常常不知道自己要做什么，要成为什么样的人，就如同找不到航向的船，不知道要往何处去。此时，只有明确的目标才能带给我们实实在在的安全感和力量感。在管理学中，有两种方法可以帮助我们明确目标，并将人生的大目标一步步分解成小目标，再将小目标细化成具体的行动，直到无法再分解为止。这两种方法就是剥洋葱法和多杈树法。

（1）剥洋葱法

剥洋葱法就像剥洋葱一样，先将大目标分解成一个个小目标，再把每一个小目标分解成若干个更小的目标，直至分解到最后一步，剩下的就是行动了。而实现目标的过程跟"剥"的过程刚好相反，是低级到高级，由小目标到大目标，层层递进。

比如，我们在做人生规划时就可以用到这个方法。先明确自己的人生梦想是什么，然后将梦想明确为终级目标，再将终级目标分解为10年或5年的长期目标，再继续分解下去，分成若干个3年的中期目标，接着分解成1年或半年的短期目标，然后再将每个短期目标进一步细分为月目标、周目标、日目标，最后分解到该如何做、做什么等。总之，不管我们的目标有多大，最后都要分解为具体的行动。

（2）多杈树法

每棵树上都会有若干个分枝，每个分枝上还有小树枝，每个小树枝上还会有更小的树枝，一直到树上的叶子。我们可以把自己的人生目标想象成一棵大树，每一级目标相当于树的分枝，而我们现在要做的事，就像树上的每片叶子。

当所有的小目标完成了，大目标也就实现了。其中大目标和小目标之间的关系是逐层递进的，每个小目标都是实现大目标的条件，而大目标则是小目标完成的结果。如果小目标全部实现了，大目标也就跟着实现了。

操作步骤可以参考以下。

①写下自己想要实现的一个大目标。

②明确实现这个目标需要的条件是什么，然后列出实现目标的充分条件和必要条件，这就是大树的第一层树杈。

③要达到上面的条件，首先要完成哪些小目标。这些小目标相当于大树的第二层树杈。

④实现上面这些小目标的必要条件和充分条件是什么，这是大树的第三层树杈。

⑤以此类推，直到画出所有的树叶（现在要做什么），才算完

成了多杈树分解过程。

按照这个方法，我们可以把每一个大目标都画成一棵枝繁叶茂的大树。一棵完整的目标多杈树，实际上就是一个详细的目标行动计划。计划做完后，我们要做的就是一步一个脚印地去完成它。

16. 目标导向法

2001年的蒙牛还是个名不见经传的小企业，当时的发展资产只有1000万元。当时的总裁牛根生看到了未来乳业巨大的发展空间，于是在给企业制订未来五年计划时，将销售目标锁定在100亿元。

这个决定一出，立刻引来了企业上下的一致怀疑，大家都认为这简直是不可能完成的任务。牛根生却说："我还是胆子小的，换了别的总裁，一定会把目标定为200亿元。"

为了实现这个目标，牛根生开始带领企业上下，以结果为导向，寻找解决问题的办法。经过分析，牛根生发现，首先要解决好奶牛养殖、企业厂房和市场开发问题。接着，蒙牛结合现有的条件，开始了多种创造性的工作。

针对奶牛少、优质奶源供应不足的问题，蒙牛通过购买、自繁选育和推广人工授精及胚胎移殖等方法，最终解决了奶源的问题；同时，蒙牛开始在全球选址，扩建厂房，按照国际标准建立示范牧场；为打开市场，蒙牛一边优化拓展供货渠道，一边加大广告宣传力度，通过赞助"超级女声"为蒙牛造势。

结果，到2006年，蒙牛的销售总额达到了162亿元，2007年仅上半年就完成了100亿元的销售业绩，成为当年的乳业总冠军。对此，牛根生只说了一句经典的话："只修改手段，不修改目标。"

蒙牛能够创造这样的奇迹，用的就是目标导向法。它是以期望的目标为基础，由后往前来推导的一种方法，先设定目标，再分析现有条件的瓶颈和制约在哪里，然后缺什么，想办法补什么。

如要从目标往前推，你就会发现，很多难题都会迎刃而解。许多人常常习惯于用"条件导向法"，做事只从现有条件出发，有多少条件就做多少事，让条件决定结果。

在职场中，我们经常会从现在的条件出发，不敢给自己定大的和非实现不可的目标。比如，有的人认为自己能力不强，工作经验也不丰富，还是别逞能，走一步算一步吧。有技术和经验的人，总觉得公司技术条件太差，这么做肯定完不成任务。做销售的总在抱怨，市场环境这么不景气，定那么高的销售额肯定达不到。还有的人，虽然一开始定了较高的目标，但一遇到困难就开始修改目标……这就是典型的"条件导向法"。

我们要扭转"条件导向"思维，可以尝试着用"目标导向法"来训练自己。

①先给自己定下一个非实现不可的目标，或者较远大的、暂时难以实现的目标。

②从自身条件出发，分析阻碍目标实现的条件有哪些。

③全力以赴地解决这些不足的地方，变不利条件为有利条件，为实现目标扫除现实障碍。

④遇到困难时，不要随意更改目标，要迎难而上，直到目标实现。

17. 九宫格日记法

生活在现代都市中，要照顾到生活的方方面面并不容易，我们既要工作，也要学习，既要平衡家庭，也要发展爱好，有时候很难把一切都协调好，常常是做了一件事，耽误另一件事。如果你也是这样，可以试试用九宫格日记法来管理自己的时间和目标。

不同于传统的流水账式日记，九宫格日记法是用填空的方式来记录每天的工作和生活。方法很简单：先画好一个九宫格，或者准备一本九宫格日记本。在格子正中间写上日期和天气，周围的格子可以视自己的情况填写自己认为需要平衡的方面，如事业、健康、家庭、理财、休闲、学习、人脉等。然后每天对照表格在对应的格子中填写任务并分配相应的时间。

比如说健康，可以在一天结束后打开九宫格日记本，在对应健康的那一格下面写下第二天要达到的锻炼目标，如慢跑3千米、游泳30分钟等。如果某个目标需要长期坚持才能实现，比如说期末考试取得第一名，可以在学习的那一格写上"期末考第一名"，并且在每天的日记里写上相同的目标，直到激励自己实现目标为止。

坚持九宫格日记法的好处在于，它会"逼迫"你去思考和平衡自己生活的各个方面，防止对某一方面关注过多而忽略了其他方面。比如，很多人把精力都花费在工作和休闲上，而忽略了自身的健康，如果在九宫格中设置了"健康"这一项，那么这个小小的格子就会时刻提醒你关注健康。而且，九宫格每个格子就那么大，只需要简明扼要地记录下自己的心得和目标，每天花费几分钟就可以完成，省时省力，正好符合上班族的要求。

不过，使用九宫格日记法还需要注意以下几点。

(1)尽量让每个格子里都有目标

如果你的九宫格中的某个格子常常是空着的,你没有给自己安排任何任务,那就说明这方面失衡了,需要引起重视。

(2)每个格子的目标不要超过3个

人的时间和精力有限,每个格子中设置的目标数量不宜过多。试想一下,一共8个格子,每个即使安排3个目标,也已经有24个目标了,人很难在一天内完成过多的任务,最终很可能什么目标也没有实现。

18. 吞青蛙法

所谓吞青蛙法,并不是真的吞青蛙,只是一种形象的说法。这里的"青蛙"是指那些最棘手、最麻烦也是最重要的事情。这些事情通常难以完成,容易让人产生畏难情绪而导致任务被拖延。如果"青蛙"放着不处理,先去处理那些简单的任务,或者直接去放松娱乐,那么"青蛙"就会越聚越多,在我们身边一直"呱呱"叫,让人心情烦躁,更难以专注投入工作中。

那么怎么才能把那些"恶心"的"青蛙""吃掉",让它们不再来烦自己了呢？

（1）明确自己的"青蛙"是什么，不要"吞"错了

首先，我们开始找"青蛙"。可以从每日、每周、每月甚至每年中找出一些必须攻克的问题，列举出来，找出其中3件最重要的事情，这就是我们要"吞"掉的"青蛙"。

（2）有好几只"青蛙"怎么办？先"吞"那只最"丑"的！

即使是同一天，也可能同时出现好几只"青蛙"，但不意味着这几只"青蛙"同等重要，我们可以先吃掉那只"最大最丑"的，也就是说要从最困难的这件事情入手。如果最困难的事情能顺利解决，那解决后面的麻烦时会信心倍增，有助于所有问题的顺利解决。

（3）将"青蛙"放在工作效率高的时间段解决

原则上是将"青蛙"越早"吞"掉越好，但还要具体情况具体分析，最好在自己工作效率最高的时间段去对付那些"青蛙"。比如当天上午需要紧急处理的琐事较多，那么此时"吞青蛙"显然不合适，还是"吞"那些"小蝌蚪"最好。如果当天下午有一段比较固定的时间，而且此时工作状态比较好，注意力集中，此时"吞青蛙"效果会很好。

（4）如果"青蛙"太大，可以先切分一下

如果碰到特别棘手的事情，很可能一下子解决不完。这时候也

不要太焦虑，可以先把这只"青蛙"切分一下，也就是把任务分解成一个个小任务，每次只需要罗列当天可以完成的那一部分就可以了。

需要注意的是，"吞青蛙"法不一定适用于每一个人。如果你从事的是一些重复性较高的工作，也没有特别突出的重要事情，那这个方法就不适合，可以试试本书介绍的其他时间管理方法。

19. 建立停止清单

很多人，特别是女性朋友们经常会为穿什么而烦恼。明明衣柜里不同季节的各种款式的衣服已经塞得满满当当的，就是不知道穿什么，或者不知道如何搭配一套衣报。如果把自己的衣柜整理一下，将那些过时的、穿旧的衣服统统都扔掉，会发现真正可供选择的衣服并不多。

同样，我们的任务清单也需要像整理衣柜一样，经常清理。想想你的任务清单里，有多少任务是从年初就已经在那里的。每次浏览你的清单，是不是为了挑出那些几分钟就能完成的事呢？还有一些任务是不是根本算不得任务，而是需要更复杂、更具体的计划？

建立一个任务清单很容易，只需要把要做的事情列在里面即可。但实际上，一个缺乏规划、没有重点的任务清单比没有任务清单还要影响做事效率。没有任务清单，人会不自觉地去做自认为最紧急的事，而任务清单太长，反而会让人困惑。

心理学研究表明，随着可选项的增加，人的负面情绪也会增加，因为我们对机会成本的感觉也增强了。而且，我们的大脑在崩溃之前只能同时处理大约7个选项。也就是说，我们每天从7个选项中做出选择并实施更容易一些。如果清单上有50个任务，你要么挑选最容易的事情做，要么干脆拖延着一件也不做。

所以，是时候给自己建立一个停止清单了。为了突出重要事项，你需要停止做那些不那么紧急和重要的事情。虽然我们会默认给它们排序，但最好还是动手来完成这一步骤。把它们从你的清单里剔除，而不是简单地划掉。如果让它们一直停留在你清单里，要么会占用你的有效时间，要么平添你的失败感和挫折感。

那么如何建立停止清单呢？

①不要将头脑风暴产生的各种灵感或偶然出现的想法放进你的日常清单里，可以将它们移进停止清单，等有了成熟的计划和行动方案了，再考虑列入清单里。

②请将琐碎的信息和计划暂时放进停止清单里，比如"每天喝

8杯水""打扫卫生"等,以免因大量低价值和低产出的事情影响工作效率。

③不要把宏伟的意愿和计划列入每天的行动计划里,这些不是不重要,但它们不属于马上要去做的事情。可将它们放到可能实现的条目下,也可以放入索引中,定期查看一遍来激励自己。

④请将一些模棱两可的任务移出你的清单,比如"给姗妮打电话",电话中要说明什么事情或者达到什么目的却没有说明。如果有必要,则需写明意图,如"给姗妮打电话,询问项目的预算安排",这样浏览清单时立即明白要做什么,而不是要花几分钟思考才能想起来。

20. 分清日常工作和非日常工作

管理学上有一条定律叫本尼斯第一定律,是由美国加利福尼亚大学商学院教授本尼斯首次提出来的。本尼斯认为,非日常工作会推迟日常工作,并且扼杀所有的计划和基本变化。因为即使一开始制订了完善的计划,执行过程中常常会因为一些意外状况而使我们的计划脱轨,如果不能及时发现并制止,计划将很难实施下去。

首先,我们要分清楚日常工作和非日常工作的界限。日常工作通常是指上班人员除法定节假日之外，在上班时段所要做的工作和履行的职责；非日常工作通常指在工作时间之外所做的事情，比如聊天、购物、看电影、旅游观光、疗养休假等。如果我们在非日常工作上耗时过多，比如经常醉酒、玩牌娱乐等，就容易对日常工作计划产生影响和破坏，影响正常工作的进度。

当然，由于现代社会节奏快，我们面临的人际关系更复杂，工作也变得比以前更复杂和多元，非日常工作和日常工作或多或少会有一些关联。比如，从事销售工作的，在工作时间之外还经常需要喝酒应酬，这实际上也是工作的延伸；在工作时间陪客户聊天，看似是在休闲，实际也是为了以后更好地开展工作。

所以，我们在界定日常工作和非日常工作时，要辩证地看待，不能一概而论。那些对工作能产生积极作用的非日常工作可以视工作需要偶尔为之，但如果占用工作时间来做与工作无关的事情，比如，在上班时间处理一些私事，不仅会影响当天的工作计划，还会导致后续工作中走神分散注意力，甚至什么事情也做不好。

我们工作是为了更好地生活，而非日常工作可以调剂忙碌的生活，让生活更丰富多彩。一定要控制好日常工作和非日常工作的时间分配比例。当二者发生冲突时，要分清主次，明白什么是主要的、什么是次要的，最重要的是不能因为非日常工作扰乱正常的工作计划。

21. 将小事集中起来处理

一位农夫早上起来,告诉妻子他去耕地了。当他到达要耕的那块地时,发现耕地机需要加油,农夫决定先去加油。在去往加油站的路上,农夫突然想起早上走得急,忘记给家里的5头猪喂食了。机器没油只是不工作,猪要是不按时喂食,是会饿瘦的。农夫决定先回去喂猪。当他经过仓库的时候,看到还剩下几个土豆,一下子想起地里种下的土豆可能已经发芽了,还是先去看看。农夫朝自家土豆地走去,半路看到几块木柴,突然想起妻子前几天提醒他家里的木柴不多了,需要抱一些回去。他靠近木柴堆,发现有只鸡躺在那里,他认出是自家的鸡,原来这只鸡的腿受伤了……就这样,农夫从早到一直忙到太阳落山才回家,忙得晕头转向,仔细一想,猪没喂,油也没加,最重要的是地也没耕。

英国哲学家罗素认为:"假使人们在一些琐事上不浪费太多时间的话,那么他们一定能完成更多的事情。人们往往因为拼命想把每一件小事都做得完美无瑕,因此在大事上总是一事无成。"

生活中,我们常常会像故事里的农夫一样,因为一些琐事而忽略了最初的目标,把主要精力耗费在一些随时发生的事情上,遇到什么事情就去做什么事情,终日漫无目的地忙碌,却毫无效率可言。我们要学会支配工作,而不能被各种杂乱的工作所左右。一些无关紧要的事可以放在一起,安排一个固定的时候集中去处理,把宝贵的时间用在最值得花费的地方。

那么,我们应该如何将琐事集中起来进行处理,让自己的工作变得更高效呢?

①快速判断完成每件小事的价值、需要花费的时间以及合适的处理时间。

②将这些琐事按重要和紧急程度进行排序,重要的事情先处理,不太重要的先放一放,待有时间了再与其他事情一起解决。

③不过度追求完美。每件事情都要求做到完美,那是在浪费时间。

④立即行动。处理琐事时,别把大量时间花费在思考如何做上,而是马上行动,争取一次解决,杜绝返工。

22.标准化输出工作任务

很多日常工作都可以标准化输出,按照某一个标准输出工作任务,很大程度上可以避免犯一些不必要的错误,同时还会帮助你提升工作效率。

那么,什么是标准化输出工作任务?举例来说,领导通知下周一公司要开例会,让你准备会议的相关事宜,你该怎么做呢?如果你不清楚会议准备流程,你可能认为,只要约好会议室,然后通知各部门相关参会人员就算完成任务。可事实上,你可能只是完成了这项工作的五分之一,一个熟练的会务人员可能会按照以下步骤来完成领导安排的任务。

1. 确定会议地点、使用会议室的部门、开会的时间及大致散会时间、参加会议人数、会议保密程度、与会人员习惯等,如果有人不能到场,提前向领导汇报。

2. 了解会议的讨论意向,对于能出席的部门经理先询问一下要沟通的问题,并将部门经理的回答进行大致的整理,在会议开始前发给领导。

3. 考虑好会场的布置,如与会者的座次,会场是否要摆放花卉、水果或茶点,是否使用视频、投影、台签等。

4. 会议当天提前调试好相关设备,准备并摆放好会议需要的物品。

5. 做好会议记录和总结。

标准化输出工作任务的最大优点在于可以大大地节省时间,同时还能出色地完成任务，关键时刻还能让领导注意到你的工作能力。但对于职场新人来说做到这一点并不容易，需要一段时间的积累。但任何工作做得多了，总有章法可循，只要在日常工作中注意吸取教训、总结经验，不断完善自己的工作流程，就能做到工作标准流程化了，下次遇到类似的问题就能处理得得心应手。

那么，我们该如何做到让自己的工作任务流程化呢？有以下建议可供参考。

1. 学会判断任务优先级。

2. 坚持做日/周工作计划和总结。

3. 每项工作结束后，仔细梳理一遍，想想哪些环节还可以再优化。

4. 注重沟通方式，如遇重大问题或疑难事项要反复确认，以确保万无一失。

5. 建立未完成事项提醒。

第三章　时间管理：好习惯事半功倍

23. 30天试验法

心理学有一项研究，让每位自愿参与的受试者选择每天在同样条件下进食、饮水或做其他活动，总共12周。试验结果发现，将一个行为变成习惯平均需要66天，而最初的30天是形成习惯最核心和最关键的时期，这将会耗费习惯养成过程中99%的能量，30天之后人只需要进一步强化这一习惯即可。

时间管理专家史蒂夫·帕弗利纳（steve pavlina）也曾极力推荐人们使用30天试验法去改变一些不良习惯。他的方法背后的思想与上面的心理学试验思路有很多共通之处，操作也很简单：连续30天只专注于培养一个习惯，中间如果忘记或出错，则重新从第1天开始计算，直到30天后新的习惯形成，不需要费脑力去纠正为止。

这个方法看起来很简单，但真正做下去并不容易，中间很容易出现反复和中断。在执行过程中，坚持以下原则，可以帮助你顺利过关。

（1）每个"30天计划"只坚持一个习惯

第一次使用这个方法时，千万不要贪多，同时培养多个习惯，这样容易引起混乱而导致失败。

（2）写下计划，作出承诺

适当的心理激励可以让自己更好地坚持下去。在开始"30天计划"之前，建议将计划和承诺写下来，粘贴在显眼的地方或者制作成手机屏保，时刻提醒、监督和激励自己。

（3）顺利完成"30天计划"

在执行"30天计划"时会经历5个阶段：

①前3天是全速起跑期，虽然有一定的阻力，但动力和信心较足，此时要避免因用力过猛而透支精力；

②第4~10天是疲惫放缓期，此时阻力仍然很大，但动力在消减，此时容易出现中断、反复甚至放弃，要注意心理激励；

③第2~3周是过渡期，你已慢慢适应了新的习惯，执行变得简单，但也很容易因放松警惕而忘记执行计划，所以最好设置朋友圈打卡或手机提醒；

④第2~3周也是颠簸期，计划容易因突发事项而被打乱导致失败，建议在整个计划制订前要兼顾简洁性、灵活性和突发

事件；

⑤ 第4周是稳定期，潜意识里已经把习惯当成了常态，无须提醒，会自然而然地去做某件事，内心不再感到困扰，如果能顺利进入这个阶段，习惯已经基本养成了，后续只需注意保持就可以了。

需要注意的是，30天习惯养成过程中，任何一个阶段，如果计划执行失败了，就要重新从第1天开始"30天计划"，直到习惯养成。

24. 替换理论

大多数人或多或少总有一些坏习惯，比如抽烟、酗酒、睡懒觉、办事拖延、爱吃垃圾食品等。这些坏习惯就像顽疾，要改变它们常常需要极大的意志力和执行力，这需要经历一个长期而痛苦的过程，很多人干脆就放弃了。

从心理学上讲，人们培养习惯的目的在于满足身体和心理的需求，而打破已有的习惯，建立一个新的习惯会打破现有的平衡，让人无所适从。人的大部分习惯长时间无法改变，最主要的原因在于新的习惯无法满足人的某些需求。

培养一个新的习惯看似很难,但如果设法让新的习惯满足人的内心需求,就容易取得成功,只是这需要一些技巧,而替换理论正好符合我们的要求。

替换理论认为,习惯不可能被磨灭,只能被取代。要摆脱一个坏习惯,就必须建立一个好的习惯来代替它,以保持内在需求和外在资源达到平衡。

举个例子,有的人喜欢抽烟,因为抽烟让他感觉到放松,能让他暂时逃避生活和工作的压力。如果不让他抽烟,又没有另外一个可替代的消遣方式来满足他内心的需求,那么这个习惯是不容易改变的。他的身体已经习惯了这种模式,他的潜意识会拒绝改变。

如果想要戒烟,依照替换理论,首先要找到另一个习惯来替代吸烟这个习惯,比如说改吸电子烟或者嚼口香糖等。同样,如果想戒掉垃圾食品,可以把薯条换成胡萝卜条或者黄瓜条,甚至可以把阅读或者运动当作替代方案。

替换理论为什么会有效呢?它的作用主要体现在3个方面。

(1)降低难度

戒掉一个习惯至少需要30天,这30天是最难熬的时期,容易因为坚持不下去而放弃。而相对于戒断,替换的方式看起来难度要小很多，在心理上更容易被接受，有助于熬过最初的30天，形成稳定的新习惯。

（2）强化替代习惯

改变的过程是戒掉陋习的过程，更是建立更好的行为习惯的过程。在这个过程中，陋习对人的影响力不断被弱化，好的行为的影响力持续被强化，直至养成一个新的习惯。

（3）平衡内在需求

新的行为习惯填补了因旧的习惯被打破而造成的需求的缺失，满足了人的同等的需求，所以更容易成功。

不过，替换理论并不是一个放之四海而皆准的方法，多适用于改变某些不好的习惯。如果是正向的行为或者单纯地只想做某事则不适用，比如说，养成阅读的习惯、健身的习惯等。这些习惯的养成并不需要寻找替换的方案，只要坚持去做就可以。

25. 巧用触发物

美国著名的心理学家乔纳森·海特曾做过一个生动的比喻，他将人类理性的一面比作"骑象人"，感性的一面比作"大象"，二者各有各的主张。由于大象的力量要大很多，而且它喜欢轻松舒适，害怕危险和困难，骑象人通常拗不过大象，只有当大象被真正触动的时候，骑象人才能驱动大象往前走。

那么怎样才能触动大象呢？大象只有在某些特定条件下，触发了某种行为，这个行为发生后得到了奖励，比如说获得了食物，大象有了快乐的动机，下次才会自动去触发同样的行为，然后通过重复这样的动作，进一步强化对触发物的敏感度，直到形成习惯，不再需要人驱策。

同样，有的人在情绪低落的时候吃甜食，吃完之后感到心情变愉快了，当下次不开心时，大脑会自动认为吃甜食心情会变好，就会自然而然地去找甜食。于是，看到甜食（触发物）→吃掉甜食（行为）→感觉很好（奖励），这个过程不断重复，逐渐形成摄入过量甜食的习惯。

所以，运用触发物原理，我们可以来培养和改变自己的某些习惯。比如，早上闹钟响了，意识到自己该起床了，那么闹钟就是一个触发物；当你穿上健身服，就会马上去健身，那么健身服也是一个触发物。有些习惯不止一个触发物，比如触发抽烟动机的行为可能是起床、吃饭、喝酒等，这些行为与抽烟这个习惯联系得越频繁，习惯就越牢固。所以，当我们要打破某些习惯时，就要先找到所有触发这个习惯的方式，然后用积极的习惯代替与触发方式绑定的消极习惯。

如果你正在试图打破某个习惯，可以连续几天记录日志，详细写下当时发生的事情及诱因。比如，你爱咬指甲，那就记下什么时候有咬指甲的冲动，咬指甲时发生了什么事，自己在哪里，大脑里在想什么事情，感受如何，等等。相反，如果我们想要强化某些好的习惯，比如每天阅读1小时、慢跑30分钟，也可以通过找到触发物来激励我们坚持下去。

一旦你找到这些触发物，接下来可以制订计划坚持不懈地去做。如果达到了某个目标，可以给自己某些积极的奖励，也可以向亲朋好友分享你的目标。这些方式都可以强化积极的行为模式，帮助你养成好的行为习惯。

26. 一次培养一个习惯

很多人很难刻意培养一个好习惯，他们将原因归咎于意志力太薄弱，但其实影响习惯的培养还有一个重要因素，那就是专注力。注意力太分散，同时培养好几个习惯，往往可能什么也做不好。

培养一个新习惯的过程就是不断地与旧习惯做斗争的过程，需要克服很多难以想象的困难，这需要强大的心理斗争和行动支持才能完成。如果同时培养多个新习惯，精力分散，可能因无法兼顾而导致失败。失败造成的挫败感和无力感会反过来打击我们培养新习惯的积极性。所以，不要以提高效率的名义贪多，先把注意力放在一个好习惯上。等实现一个目标以后，再继续挑战下一个好习惯。

我们可以试试以下这些做法：

（1）先锁定并明确你的目标

或许你想改变或者培养的习惯有很多，先从其中选择一个最想实现的目标，然后明确你想要达到的结果。诸如"每天早起""经常跑步"这些目标就不够明确，几点算早起，每天锻炼时间多长，这些都不明确，如果换成"每天6点起床""每天坚持锻炼1小时"，这样效果会更好。

（2）坚持一个月

一个好习惯至少要坚持30天才会根植于你的大脑，成为自发自动的行为。所以，一定要设法激励自己熬过最初的30天。

（3）找工具来帮忙

现在有很多帮助人们培养好习惯的软件可以使用，比如很多人都在用的"习惯养成助手"App，它可以通过设置闹钟提醒自己坚持做下去,还可以将每天完成任务的动态打卡分享到朋友圈,让亲友一起见证自己的改变,效果很好。

(4)每周回顾

习惯的培养需要经历反复和失败,每周结束后回顾一下自己在这一周里的进展和遇到的问题,体验自己的收获,如果做得好,给自己一点小小的奖励;如果做得不好,就要查找原因,激励自己继续坚持,将精力集中于目标上。

总之,习惯的培养并非一朝一夕就能完成,需要经历长时间的坚持和练习,这个过程既需要意志力,也离不开专注力。在习惯养成的初期,切勿贪多,把注意力集中在一个习惯的培养上更容易成功。

27. 建立文件管理系统

时间管理最重要的就是形成好的习惯,只有形成习惯了才能真正节约时间。科学、规范的文件管理习惯可以帮助我们提升工作效率。

很多人都有类似的烦恼,有时候工作一多,各种文件来不及整理，就任由其杂乱无章地放在电脑桌面上。需要哪个文件的时候总是要花很多时间和耐心去找，还不一定能找到。这是不良的文件管理习惯导致的工作时间浪费和效率低下。

那么我们该如何管理我们的文件呢？

（1）临时文件夹的管理

有时候为了找起来方便，我们会将一些文件暂时存放在桌面上，但如果不定期清理，桌面看起来就会非常乱。这时我们可以专门建一个文件夹，里面只存放近几天或近一周要处理的工作文件。待一周结束后，再对其进行清理。即使哪天忘记清理了，桌面也不会布满密密麻麻的图标，也不用花费很多时间去找其中的一个文件，省时省力。

（2）文件的命名

很多人没有给文件合理命名的习惯，要么是胡乱用数字或字母命名，结果等到要用时，一搜索全是aaa，123；要么下载的文件也不改文件名，往文件夹里一扔，下次要用时只能文件夹挨个儿打开寻找。一开始的确节省几秒钟给文件命名的时间，之后却要花费数十倍、百倍的时间才能找到需要的文件。

文件最合理的命名应该包含一定的核心信息及修改事项，并且是方便后期自己或者他人辨认和查找的名字。例如：中秋节活动策划方案—李慧执笔—20190701.doc""中秋节活动策划方案—刘扬修改—20190715.doc"，这样给文件取名，仅通过文件名就知道文件的内容和相关信息。当然，不同的行业、不同行为习惯的人，给文件命名的方式会有所不同，没有固定的格式。大家可以参考这个公式：关键内容+作者+部门+编号+文件创建时间，具体命名时可视情况进行删改。

（3）文件的存放

很多人喜欢把相同类型的文件都放在一个文件夹里，比如将所有的表格文件都存放在命名为excel的文件夹里，所有的word文件都存放在word文件夹里。实际上，这种管理效果并不理想，因为文件夹里的文件缺乏某种关联，想要找出想要的文件，还得从一堆文件里去找。

正确的做法是，根据文件之间彼此的联系和录属关系来进行分类整理，比如将所有与中秋节策划案相关的素材、图片和表格放在一个文件夹中。注意文件夹的层级尽量不要超过3级，以便于后期查找。

（4）文件的查找

前面我们强调文件及文件夹的命名，就是为了方便查找，节省时间。我们可以用电脑自带的搜索程序进行检索。但有时候，由于电脑安装和存放的东西太多，电脑运行速度太慢，查找某个文件往往需要几分钟甚至更久。在这里介绍一款"搜索神器"——Everything，拥有这个工具，文件再也不怕找不到了！

Everything是一款基于文件和文件夹名称的快速搜索引擎。与Windows系统自带的搜索程序不同的是，它在搜索之前会把所有的文件和文件夹都列出来，而且搜索速度极快，如果你的电脑硬盘格式是"NTFS"的话，这款工具可以在1秒内从几百GB的数据中快速找到你要的文件，节省大量时间。

好的文件管理习惯是我们进行时间管理的一个重要方面，也是必须掌握的一项技能。学会并熟练运用好的文件管理办法，可以节省大量的时间，让我们的工作变得更高效。

28. 给所有的东西规定放置的位置

我们每到一个地方，都会习惯性地环视所处的环境，如果干净整洁，就会心情愉悦；如果杂乱无章，心情也会变得糟糕，只想快速逃离。办公室环境也一样，是否整洁有序，同样也影响着我们的工作心情和效率。

闭着眼睛想象一下，如果你是客户，第一次走进你的办公室，在你的办公桌前坐下，这时你是什么感觉呢？是不是感觉你的办公环境简直可以用"狗窝"来形容？角落里胡乱堆放着各种杂物，桌上摆满了随意堆放的文件，还有零食、相框等私人物品，上面还到处贴着各种便利贴，看上去从贴上去就没撕下来过，一拉开抽屉还有东西掉出来，里面除了一堆不知道是谁的名片，还有文件和各种杂物……

如果是这样，你该好好整理一下你的办公桌了。高效的物品存放，可以节省寻找和考虑的时间，也能提升工作效率。

（1）先对我们办公区域进行规划

拿出一张纸，在纸上大致画出桌面的形状。然后根据我们的需要和使用习惯，大致将办公桌分为重要区、临时区、资料区、功能区和私人物品摆放区。重要区主要摆放一些重要且使用频率高的物品，最好放置在伸手就能够着的地方；临时区可以放一些短时间内可能用到的东西，比如当天必须处理完的文件，这块区域注意每天进行整理，不用的东西拿走或丢掉，不要堆放在那里；资料区用来存放经常用到的普通资料或书籍杂志，注意要摆放整齐，用完及时归位；功能区主要放置办公文具及其他物品，如笔筒、胶带等；私人物品区不要留太大位置，能放下水杯即可，而且要注意离重要区稍远点，以免水洒出来污染了重要文件。

(2) 对所有物品进行归类

同样拿出一张纸，将办公桌上和抽屉里的所有物品进行登记并归类，同类物品放置在一起，比如书籍和杂志可归为书一类，不同功能和型号的笔可以归为笔一类。整理的同时要注意区分哪些物品是工作中常用到的，哪些是不常用的。每天都要用到、几天才会用的、每周或每月用一次的，以及很长时间不用或几乎不用的物品都要标注出来。如下表。

物品名称	数量	使用频率
文件夹	3	每天
笔	5	每天
记事本	2	每天
书	7	每周1次以上
计算器	1	每周1次以上
水杯	1	每天
手机	1	每天
U盘	2	每周1次以上
数据线	2	每周1次以上
雨伞	1	每月1次以上
名片	20	几乎不用
便利贴	2	每周1次以上
胶带	1	每月1次以上

（3）重新摆放物品

将所有物品清点完毕后，再根据我们前面规划的办公桌功能区域划分图分类摆放这些物品。在开始动手前，先准备一个垃圾袋，将那些明显的垃圾或没有用需要丢掉的东西先清理掉，一些不会再用到的私人物品集中放置，等下班后带回家处理；重要的文件要注意细心妥善保管，最好给它们建档归类，以方便在用时快速找到，暂时没用的或已处理的文件及时转交出去或者放置在书架或档案柜里，以免造成文件的丢失和积压；当天要处理的文件可设置手机闹钟提醒，及时清理，未及时清理的文件可放置在手边，以方便找到，随时处理。如果你的抽屉柜有3层，建议将文具放在第一层，方便拿取，第2层可以放一些私人物品，第3层可用来收纳文件相关的物品。

我们对物品进行整理收纳的目的在于，当我们需要用某件物品时，可以马上知道它在哪里，而不用浪费大量时间去翻找。而且，井然有序的工作环境也可以减少一些干扰，让我们更专注高效地工作。所以，从今天开始，好好整理你的办公桌吧！

29. 养成做工作笔记的好习惯

有的人经常读书，但读完之后很快就忘得一干二净；参加了各种培训，可总是收获寥寥；领导交给自己一摞资料，看了3天仍然毫无头绪，连个方案也写不出来……如果我们在做这些事情的时候，拿出一张纸和笔，随时记录自己的所思所想，或许就不会如此健忘。

科学研究表明，人的大脑一次能够处理和把握的信息数量在5~9条之间，超过这个范围，人的大脑就会超负荷运转，容易遗忘一些重要信息。我们在学习和工作中养成随时做笔记的习惯，对提高我们处理信息的效率会有所帮助。

做笔记的目的不单单在于防止遗忘，它还有助于信息的再加工和再创造。记笔记并不是简单的摘抄或复制，而是信息的重新组合，它能启发人思考，让头脑风暴变成行动。

记笔记看似很简单，每个人都能做到，但真正学会做笔记，还需要掌握一些技巧。那么，我们在记录工作笔记时，有哪些技巧呢？

（1）随时随地记录

随身携带一个小本子、便签纸，记录工作中随时迸发的一些奇妙的想法。也可以利用便利贴记录自己要做的几项工作，贴在方便看到的地方，以提醒自己还有工作没有做完。每天的工作记录和完成进度也要简单地记录下来，这样方便对自己定的目标进行对比管理。人都有惰性，做事往往3分钟热度，通过记笔记可以提醒自己注意工作进度。

（2）不同颜色标记不同的内容

工作笔记有一定的随意性，上面记录的信息各种各样，可能相互之间并没有必然的关联性，而且也很难一眼看出哪些事情比较重要或紧急。所以，建议准备至少2种颜色的笔，根据自己的使用习惯来分类标注这些信息。比如，可以用红色笔列出重要事项，蓝色或黑色笔记录日常琐事。这种方法看起来很老套，但实践证明很有效。

（3）最好记在相关的文件或书上

如果你不是个有洁癖的人，笔记最好是记在相关的文件上或书上，这样的做可以节省摘录的时间，而且笔记就记在相关段落的旁边，方便对比查看，下次找起来也方便，直接翻开查找就可以。

（4）利用工具记笔记

笔记记录的通常都是琐碎的信息和想法，时间长了比较杂乱，不易整理，且易丢失。现在有很多不错的记录工具可以使用，比如说印象笔记和有道云笔记。这两款应用都可以在手机和电脑上使用，我们可以把工作中的点滴灵感、待办清单、会议记录或者是项目资料，都分门别类地记录在这里，还能快速查找和分享，非常好用。

每个人记笔记的习惯和方式可能都不一样，最重要的是找到最适合自己且省时省力的方法，然后坚持下去，每天记录一些，每天进步一点，坚持下来，结果会大不一样。

30. 做好三种必备的计划清单

列清单是一种好的时间管理习惯，无论你是职场新人，还是工作多年的职场达人，制作简明扼要的工作清单都是一项必备技能，尤其是以下3种计划清单，做好了，一定会让你的工作井然有序，效率大大提升。

（1）日计划清单

日计划清单，就是把当天要做的事列进待办计划，排列出优先级，然后按照清单来安排各项事情的时间。日计划清单的撰写通常要包含：时间，主要指列计划表的时间，以及每件事情预计花费的时间和实际花费的时间；工作的类别，比如可以将工作分为常规工作、重点工作和临时工作；程度，按重要和紧急程度可分为最重要且紧急、重要不紧急、紧急不重要和不重要也不紧急；工作量、完成情况和归纳总结等部分。

计划制订好后，接下来就是执行。一天当中，每完成一项任务，就把清单拿出来，在相应的任务后面画钩或者直接划掉。当工作出现懈怠时，看看清单上还有哪些任务没有完成，以便提醒自己加快工作进度。当一天工作结束时，再次核对清单，完成的画钩，没完成的找出原因，重新放入第二天的计划清单中。

（2）项目待办清单

有一些工作任务不是当天就能完成的，需要较长时间或者多部门合作才能完成，这时就需要根据项目来设计一个待办清单。也许在制作清单时，并不能把所有要做的事情都考虑周全，但我们可以先简明扼要地把能想到的待办事项列出来，每隔一段时间再将清单拿出来，先检查项目的完成情况，然后视情况对其进行添加或删改，按照修改后的计划安排最近的工作。

注意每个项目待办清单要写在单独的笔记本上，或者保存在一个专门的文件夹里，方便查看和修改。

（3）长期待办清单

有一些计划可能需要很长一段时间才能落实完成，有可能是2年、5年，甚至更长，这类计划就需要列入长期待办清单里。例如，一位银行柜员对未来6年的职业规划路径是这样的：柜员——理财师——资深理财规划师——第三方理财公司——成立理财工作室。为此他列的长期待办清单是这样的：

第1年，做好本职工作，利用空闲时间学习理财知识；

第2年，学习充电，年底取得金融理财师证书；

第3年，积累与客户相处的沟通经验和金融市场相关专业知识，通过银行现有资源实现内部岗位转换，从事理财规划师工作；

第4年，积累自己的客户资源与人脉资源，朝着资深理财规划师迈进；

第5年，加盟第三方理财机购；

第6年，开设自己的理财工作室。

长期待办清单里的事项通常需要花费较长时间来完成，且每件事在时间上通常都不太紧急，所以容易遗忘，因此我们要隔一段时间就将清单拿出来看一下，以督促自己按照计划实现自己的目标。

31. 认真核对与备份

在同样的岗位上，不同职员的工作表现和取得的成绩并不一样,很多人将之归结于能力,其实对大多数人来说,能力都是差不多的,真正决定人与人之间差距的往往是工作习惯。其中,做好文件的核对与备份就是一项看似简单却十分重要的工作习惯。

(1)工作核对

在工作中,我们不可避免会犯一些错误。犯错并不可怕,可怕的是一直犯同样的错误,而且还没有意识去预防错误的发生。这个问题最好的解决方式,就是做好检查清单。

在开始每一项重要工作时,都要准备一个检查清单,针对项目中的每一个具体流程和环节,制定相应的验收标准,特别是要把其中重要的、容易忽略的细节记录在笔记本上或者笔记软件里的检查清单上。在执行时,把它调出来,一项一项地核对,确认无误了,工作才算正式完成。

这个检查清单还可以常常优化,比如,我们可以把上级的指示、曾经犯过的错误或者从其他渠道获取的关键信息都写进去,如果工作内容发生了变化,那么这个检查清单也要相应地进行调整。总之,检查清单做得越详细越好,执行时严格确认每一条,任务的完成就不容易出问题。

(2)文件的备份

我们常用电脑处理文件,将文件保存在电脑里看似很安全,但是如果遇到软件运行故障，误操作或者计算机出现病毒，里面的重要文件很可能会遭到破坏和丢失。

想象一下，哪天电脑硬盘突然坏了，那我们辛辛苦苦创建的文件还能幸存下来吗？如果文件无法找回，那将会对我们的工作造成多大的麻烦！所以，除了尽量减少误操作，增加电脑的安全性外，做好文件的备份工作同样重要。

每天工作结束后，别着急下班，先把文件备份一下。可以将文件复制一份保存在另外一个电脑磁盘里或者工作U盘里。如果文件比较大，还可以准备一个移动硬盘或者干脆刻录进光盘中。如果用网方便，还可以将文件保存在云盘里，百度网盘、360云盘、天翼云盘、新浪微盘等都是不错的选择。总之，在平时的工作中，注意随时备份文件，这样就不怕因重要文件丢失而影响工作了。

32. 提前解决可以预见的问题

"凡事预则立，不预则废""隐患险于明火，预防胜于救灾"，这些话都在强调未雨绸缪的重要性。任何一个高效率的时间管理者，都懂得做好危机的防范工作。

海尔集团董事局主席张瑞敏在谈到海尔的发展和未来时说："市场竞争太残酷了，只有居安思危的人才能在竞争中取胜。"英特尔公司的缔造者格鲁夫在谈到其取得的辉煌业绩时也说："只有那些恐惧感强烈、危机感强烈的人才能生存下去。"

同样，我们在工作中，既要目光长远，放眼未来，也要立足于现实，提高危机防范意识。因为，相对于应对危机，做好危机的防范工作是成本最为低廉的处理方式，也是事业规划中不可缺少的一环，做好工作防范不仅节约时间，更重要的是能够提高工作效率。

我们可以从以下3个方面着手，去发现和寻找工作中有可能出现的瓶颈环节，并将其解决掉。

（1）深入思考，掌握问题的基本规律

掌握问题的基本规律是培养预见性的关键因素。正如美国著名投资人兼律师查理·芒格所认为："如果你孤立地记住一些事情，并试图将它们凑在一起，那你是无法真正理解这件事的，你必须依靠模型组成的框架来安排你的经验。"这里的模型和框架，其实就是事物的基本规律，如果你掌握了这个规律，并学会用这个框架去理解和解释遇到的问题，这样才能抓住解决问题的关键，从而提前解决有可能出现的麻烦。

（2）吸取前车之鉴，不要一意孤行

莱特兄弟之所以能研制出世界上第一架飞机，除了潜心钻研外，最重要的是吸取了前人的教训。在莱特兄弟之前，德国的奥托·李林塔尔进行过一次滑翔飞行试验，但不幸遇难了。熟悉机械装置的莱特兄弟对李林塔尔的失败进行了认真总结，认为当时人类进行动力飞行的基础和技术实际上已经成熟，李林塔尔失败的原因是还没来得及发现操纵飞机的诀窍。于是，两兄弟继续投入飞机的研制工作中，最终取得成功试飞。

同样，我们在工作中，也要懂得吸取他人在此类问题上的经验教训，作为自己工作的借鉴，这样在工作中就能少走很多弯路。

（3）重视一线工作，从中发现问题

"千里之堤，溃于蚁穴"，工作中哪怕再小的疏忽，日积月累，也可能发展成难以解决的大问题。比如，在工程测量中，一个小小的数字看来微不足道，可是由它的错误所造成的损失或许是惨重的，甚至是致命的。所以，我们要经常深入一线工作中，用心观察，仔细分析，这样才能掌握更多的信息，发现不好的苗头并及时扼止。

第四章 时间管理：拯救你的专注力

33. 10000小时定律

10000小时定律是由德国著名心理学家安德斯·埃里克森（Anders Ericsson）提出来的，他认为要成为某个领域的专家，需要10000小时。如果按每天工作8小时，一周工作5天来算，那么成为一个领域的专家最少需要5年。

如果按照这种观点，要成为一名专家似乎很容易，只要努力做10000小时就可以了。但实际上，如果纯粹从字面意义上去理解和行动，就会发现根本不是这么回事。

比如，许多体育运动员的训练时长远不止10000小时，但并非人人都能成为冠军；大学生在校学习四年专业知识，学习时间早已超过10000小时，但本科毕业后能成为行业专家的人寥寥无几；开发工程师编程10000小时，未达到专家水平的大有人在……

为什么会这样呢？专注力不够是重要原因，上课睡觉、迟到、早退，作业马虎拼凑，临到考试才着急抱佛脚，训练时三天打鱼，两天晒网，即便花了10000小时，如果脱离了专注力，都难以成功。人在注意力分散的状态下很难深入思考、专注练习，即使耗费了大量时间，仍然流于肤浅，行于表面，当然不可能成为专家。

10000小时定律只适用于真正专注于一件事的人。比尔·盖茨至少花了10000小时来编程，在不断的练习中磨砺技能，为日后创办微软公司打下了坚实的基础；莫扎特年幼时耳濡目染各种音乐，很小就能辨别哪种乐器弹奏的曲调；甲壳虫乐队在成名之前，至少花了10000小时来练习。这些名人的成功固然离不开天赋，但天赋也是在长时间的专注训练后才得以激发和提升。

作为普通人的我们，该如何利用好10000小时定律，提升做事的专注度呢？

（1）要有明确的愿景

我们要先确立一个愿意为之不懈努力的目标，制定目标能让我们心中有数，从而提前设想实现目标需要掌握哪些技能，要达到什么样的水平，接下来怎么去实现它，等等。总之，有了目标才能找到努力的方向。

（2）全身心地投入大量练习

10000小时定律强调只有经过大量练习才能成为专家，这里的练习并不是散漫随意的，而是要全身心地投入其中。比如练钢琴，仅管你每天花大量时间去练习，如果只是手指在机械地操作，大脑却在想别的事情，那这样的练习就是低效的，花费的时间再多，也不会有所成就。

（3）向同行优秀的人学习

在练习的过程中，要多向比自己优秀的人请教，最好能找到一位优秀的教练从旁指导。因为他们都是从10000小时的练习中走过来的，知道如何练习最有效、要注意哪些问题，可以随时纠正你不足的地方，帮助你少走弯路，让你的学习时间大大缩短。

34. 一次只做好一件事

生活中那些喜欢攀岩的人大多是做事专注的人，他们每次只关注于一个目标，不管多高的山崖，目标确定，就会心无旁骛，一步一个脚印，哪怕脚下是万丈深渊，他们也不会害怕，这就是专注精神。

一次只专注于做一件事，听起来似乎很简单，但真正要做到却不容易。比如，很多人虽然知道英语的重要性，也下决心从今天开始记单词,但没坚持几天就放弃了;心想着要利用业余时间阅读一本专业书,提升自己的专业技能,然而每次刚翻开书,视线又不自觉地被微信上的小红点以及电视里播放的综艺节目吸引;"今年我要变瘦变美",结果刚坚持锻炼几天又禁不住美食的诱惑放弃了……

计划很好,但在真正落实到行动上时,总是不自觉地被其他事情干扰,这是大多数人失败的主要原因之一。

将精力集中于一件事物往往比天资和技术更重要。正如洛克菲勒认为:"做事不抢时间,不求多,稳稳当当地做,就能做许多事情,这有多好!"做任何事情不能一味求多,把时间专注于一个点上,往往能做成很多事。要做到这一点,我们可以遵从以下建议。

(1)避开多任务处理

计算机可以同时运行两个甚至更多的程序,我们的大脑却很难做到"一心二用"。人的精力是有限的,在完成一个任务时,应该把全部的注意力都集中到这个任务上,如果你把注意力投入多个地方,最后可能会顾此失彼,没有一件事情能做好。如果你的职责要求你必须同时处理许多事情,那么最好给自己留出一点"独处"时间,不要让别人来打扰你,在这段时间里先把重要且紧急的事情处理了,然后再处理别的事情。

(2)目标尽量贴合实际

制订的目标太高且不切实际,这和没有目标一样让人茫然和犹豫。目标虽然要有一定的难度和挑战性,但也不能让人望而生畏,要尽量明确具体的实施计划,不能太笼统。最好从近期内能完成的目标出发,先努力做好当下想做的且能做的事情,然后在此基础上加以提高。先把一个个小目标实现了,大目标自然就水到渠成了。

35. 避免不必要的干扰

我们生活在一个错综复杂的环境中,工作不再是一个人的事情,我们总要与其他人合作和共处。这就避免不了与其他人接触,工作时被打扰是常有的事。当自己沉浸在工作状态中时,领导突然给你指派新的任务、下属过来汇报工作、客户突然造访等随时都可能干扰你。那么,如何做能尽可能地减少被打断的概率,让自己保持专注,高效工作呢?试试以下方法。

(1)应对来自上级的干扰

来自上级的干扰是相对不好处理的,我们无法直接拒绝领导指派的额外工作,只能委婉地表达出来自己的想法,以免领导误会你在消极怠工,不愿做事。

最明智的做法是,与上级一起参与制定你的工作计划和日程表,让他清楚你的工作安排,这样就可以减少被打扰的次数。注意定期向你的领导汇报工作进度,主动询问有无工作安排给你,如果有,可以将它列入你的工作计划表中。

如要你确实在完成一件重要且紧急的任务,不愿意被人打扰,可以请示领导后,去找一个公司以外的相对安静的场所,这样领导在指派任务时,或许因为没看到你,就吩咐别人去完成,这在无形中也减少了被干扰的可能性。

(2)处理来自下级的干扰

如果你自己是上级,那么你需要经常授权和指导下级开展工作,下级也需要定期向你请示和汇报工作进展。只有上下级密切合作、配合默契才能顺利完成工作。当上下级沟通不畅,下属无法准确领会你的意图时,就会反复来请示汇报工作,这对你来说就会造成一定的干扰。

比较好的做法是,与下属沟通时,注意要观点鲜明、态度明确，以免下属产生疑问，回过头再反复请示你。布置任务时，要求下属准备一个备忘录，将需要完成的事情以及注意事项都记在备忘录上，有问题时看看备忘录，如果还有疑问再请示。

如果可以，每天固定一个时间集中处理来自下属的问题，这样比挨个儿给出批示要省时省力得多。还要学会适当地放权，如果所有工作都事无巨细地亲自过问，下属工作起来就会畏首畏尾，只能频繁地干扰你，作为领导的你也会觉得非常累，工作效率也一定不高。适当地赋予下属权力，既可以锻炼他们的工作能力，还能减少干扰，让自己能更专注地处理手头的工作。

（3）来自来访者的干扰

来访者的突然造访必然会打断我们手头正在进行的工作，计划中的任务很可能因为一次漫长的谈话而被拖延，处理不好还有可能影响合作关系。明智的做法是，尽量控制好谈话的时间，交谈时注意引导双方的话题方向，以免话题跑到一些没意义的事情上去。如果你感觉双方的谈话已没有进行下去的必要了，而对方仍然没有结束谈话的意思，可以采用一些暗示性的方法来结束你们之间的谈话。

比如，在谈话一开始时，说明这次谈话的时间期限，或者在谈话接近尾声时，告知对方自己还有别的任务，时间有限，只能下次再谈；在你们谈话之前，可以吩咐别人，到了预计时间谈话还没结束，让他进来告诉你外面还有人在等；也可以在正事聊完后，说一些总结性的话语，让对方意识到谈话已经结束了，他就会不好意思再谈下去而主动告辞。总之，类似的方法和技巧有很多，平时多注意摸索和总结。

36. 每天冥想5分钟

冥想原是瑜伽中的一项技法，练习者通过它可以控制自己的心思意念，从而达到超脱物质欲念的目的。近年来，冥想法逐渐被各种引用和解读，让更多的人对它充满好奇，觉得它神秘无比。

其实，冥想只是一个技巧，任何人都可以通过练习掌握它。美国海军就曾采用冥想法来训练前线战士，让他们更专注和高效；斯坦福大学甚至在校园里建立一个冥想中心，鼓励学校师生们来这里思考。苹果创始人乔布斯、云计算公司 Salesforce 创始人贝尼奥夫都曾前往印度找当地的精神导师请教。

近些年，冥想在中国也开始流行起来，越来越多的人开始通过它来练习集中注意力、控制情绪。如果你想提升自己的专注力，试过其他方法都不奏效，那不妨试试冥想法。

练习冥想很简单，不需要任何工具，也没有什么限制，只需要每天抽出来5分钟练习即可。练习前先找一个安静的地方坐好，确保冥想过程中不被打扰，然后选择一个舒服的姿势坐下来，先让自己放松，闭上眼睛，试着让内心去冥想，可以通过语言帮助自己进入冥想状态，也可以静静地驱动自己进行冥想。

在这个过程中，注意配合深呼吸，用鼻子深深地吸一口气，然后再缓缓地呼出来，同时将注意力集中到呼吸上，体会呼吸所带来的各种内在的感觉。待内心感觉到安定平和时，试着回想某个能帮助你保持专注的人，可以是身边亲近的人，也可以是比较知名的人，比如佛陀。想象一下如果你是她/他，此刻是什么感觉，让自己的意识和大脑沉浸在冥想中，让这种感觉包围你、滋养你，将你的身心引向一个积极健康的方向。

刚开始练习时，时间可以稍短，从5分钟开始，然后慢慢增加至10分钟、15分钟，甚至更长。掌握了这个方法后，可以利用自己的闲暇时间，每天抽出几分钟，随时练习。熟练掌握了这项技巧后，你会发现，无论面对什么样的状况，你都可以很快地调整好自己的心情和状态，工作和生活也会变得越来越好。

37. 警惕"窄化效应"

有人做过一个这样的实验：一个人一直盯着天空看，脸上露出惊讶的表情。过了一会儿，原本路过的行人纷纷聚集过来，一起盯着天空看。像这种注意力被偏移，并短暂集中在某一点的现象，心理学称之为"窄化效应"。

"窄化效应"指的是，人因为只关注了某一时刻某一点的偏好，而导致原来的偏好（并非喜好，而是做某一决策时的偏向）出现了问题。这就好像比一条笔直的马路上，突然因为某一段道路突然变窄收缩，使得经过此段的车流量随之收缩，但过了这一段后，一切又恢复正常。

在日常生活和工作中，"窄化效应"时常发生。比如，某公司因原材料短缺导致产品延迟发货一个月，在这一个月里，所有的销售人员都将注意力放在了缺货问题上，似乎因为这个原因，所有的工作都受到了影响；公司在开会讨论某个问题的过程中，经常会因为一个员工提出另外一些不相关的问题而偏离讨论的方向；在企业管理过程中，一些管理者会因为一些突发事件而改变原有的计划……

"窄化效应"发生时，人的注意力只集中在一点，如果站在更长的时间角度和更广的空间视野来看这件事，那么人的注意力其实是分散的、不专注的。当我们莫名其妙地去围观别人时，我们只偏向热闹的东西，而忘记了自己还有更重要的事情要做。如果我们把时间和精力消耗在某些无关紧要的事情上，又怎么能做好自己该做的事情呢？所以，我们要时刻警惕自己陷入"窄化效应"而不自知。

那么，我们用什么样的方法可以避免出现与以上类似的"窄化效应"呢？

（1）目标清晰而具体

做任何事情之前，都一定要有清晰而具体的目标。没有目标，行动就会因为缺乏指引而随时偏离方向，那么计划执行过程中的前一步与下一步之间的连线就不会是一条直线。另外，目标定好之后，不要随意更改，对于突发的状况，如果与预定任务无关，最好不要在上面浪费时间；如果确实需要处理，可以交给相关负责人去处理。

（2）用图像法看清问题的本质

在执行目标的过程中，如果突发事件很多，你不知道该如何抉择，这时可以利用图像法来帮助自己看清问题的本质。方法是：准备一张白纸，先在纸的上方画一条横线，然后在横线中点处向下画一条竖线，这样，纸被分成了3个部分。然后在纸的上方空白处写上自己的目标，左下方空白处写上自己所遇到的问题，右下方空白处则针对左下方列出的问题进行一一细化，然后划去你认为能够解决或者不重要的问题，剩下的就是需要重点花时间和精力去解决的问题。

38. 缩短不必要的信息处理时间

如今是一个信息大爆炸的时代，我们每天都被海量的信息包围着。这些信息极大地丰富了我们的生活，但同样也造成了一定的困扰。例如，原本只是想搜集资料的，最后变成了看搞笑视频，连最初想做什么都忘记了；领导让你搜集项目资料，费尽周折收集了一堆有用的资料，最后却不知道如何取舍……

面对海量资讯，我们不得不思考哪些信息是真正对我们有用的，怎么做才能利用尽可能少的时间快速获取对自己有用的信息，以及如何对这些信息进行高效的管理。或许我们可以从信息的筛选和防干扰两个角度来应对信息过剩的烦恼。

（1）筛选信息

在进行信息搜集和整理时，必须先明确目标，我为什么要找这些信息？我要达到什么样的目标？真正有价值的信息是什么？这些信息的来源和真实性是否可靠？按照这样的思路去筛选信息，就能剔除掉大量无关紧要的信息。

在处理文件资料时，有几点也需要注意，做好了可以大大地节省时间。比如有些需要立即处理的文件，看完后马上处理，以免下次还要花费时间去寻找和重新阅读，耽误时间；如果文件阅读后，发现是你需要的，将它保存在收纳文件的地方，如果是没用的文件，立即丢掉，不要随手扔在办公桌上。电脑文件也一样，可以新建一个专门用来收纳资料的文件夹，把你认为可能有用的文件拖进去，一段时间后，重新打开这些文件，如果有用的就保留，没用的就将它删除掉。

（2）防止被无效信息干扰

信息过剩与信息缺乏一样有害，日益超载的信息让人每天不得不花费大量的时间和精力来处理，时间长了就会让人无所适从，精神疲惫。减少信息干扰的方法有很多，比较常用的有以下两种。

第一种，设置时间限制。在浏览信息前，给自己限定一个时间，时间到了立刻退出。这个方法需要有一定的自控力，如果已经沉溺其中，就会不自觉地继续陷进去。所以定时只能起辅助作用，关键还在于保持清醒的意识。

第二种,设置无干扰区。每天、每周或每月给自己留出一段时间,将自己与外界隔离开来,关闭所有的电子设备,放空身心,让自己能够深入地思考与反思自己的工作和生活。

39. 减少花在网络工具上的时间

网络拉近了人与人之间的距离,各种网络工具可以帮助我们更快地获取资讯,给我们的工作和生活带来了极大的便利。人们花在各种网络工具上的时间越来越多。

德国数据统计互联网公司最新调查发现,现代人平均每天花在看各种电子屏幕上的时间为6小时50分钟,在调查的30个国家中,上网时间最长的是印度尼西亚人,达到了每天9小时;中国排第三,时长达到了每天8小时;最短的是意大利人,使用网络工具的时长是5小时17分。

此次调查的对象年龄集中在16岁至44岁,基本上是电子产品的主流使用人群。其中,中国人平均每天使用电脑的时间最长,为2小时41分;花在手机上的时间最长的是巴西人,平均每天近5小时;中国人以每天3小时位居第二;法国人、德国人相对较短,约

1.5小时。

从上面的统计数据看，中国人每天仅花在电脑和手机上的时间就已经长达5个多小时，可见这些网络工具正在无形中"吞噬"着我们的时间。因此，效率专家认为，我们应该采取办法严格控制花在网络工具上的时间。那么，如何利用网络才能让我们不再沉迷于它？

（1）固定上网时间

如果把上网也当作例行公事，每天安排固定的时间做，就容易养成一种习惯。比如，原来上网2小时，现在每天压缩到30分钟，这样节省时间的同时，也能提高我们获取信息的质量和效率。刚开始可能会不习惯，我们可以在电脑或手机上安装一些限制时间的小程序来辅助自己，时间一到，电脑或手机就会给出提醒，或者自动关机，提示我们该做点别的了。

（2）列出优先级，限制网页数量

先将你上网要做的事情一一列在纸上，然后按照重要程度依次进行排序，重要的先放到前面做，不太重要的放在后面。这样做可以让我们清楚地知道哪些事情是必须做的，哪些是可以推迟甚至是不做的。清单列好后，按照序号依次将相关的网站放到浏览器的书签工具栏中，这样可以减少重复输入网址的麻烦，也防止网页混乱对我们造成的干扰，方便又省时。

（3）采取一些硬性办法

如果你对自己的自控力没有信心，还可以采用一些强制办法。比如，工作时暂时不需要用网络，又担心各种网络工具扰乱自己，可以将网线拔掉，或者将电脑放置在视线接触不到的地方，将手机也设置为静音或关机，待工作完成或到了固定使用的时间再打开。

当然，最重要的不是方法，而是你的自控力。只有真正认识到时间的重要性和紧迫性，才能主动去减少耗费在各种网络工具上的无效时间，真正做到做事有效率。

40. 学会做一只专注的刺猬

古希腊有一篇寓言故事叫《刺猬与狐狸》，通过讲述狐狸和刺猬的故事来揭示深刻的道理。狐狸阴险狡猾，行动迅速，它设计了无数复杂的策略，一次又一次向刺猬发起了偷袭，但都没有成功。每次遭遇危险，刺猬立刻蜷缩成一个圆球，浑身的尖刺，指向四面八方。狐狸每每向刺猬扑去，都碍于刺猬的防御工事，最后不得不停止进攻，撤回森林。

在这则故事中，论聪明，毫不起眼的刺猬远比不上狐狸，狐狸看似稳赢，但实际上每次取胜的却是刺猬。狐狸知道很多种成功的办法，但刺猬始终只专注于如何防御，而这足以让它从狐狸的进攻中逃生。

西方有句谚语："制鞋匠，干好你自己的活儿就行了。"专注于自己擅长的事情，比将时间和精力同时花费在数件事情上更容易取得成功。

居里夫人一生致力于研究镭，曾两次获得诺贝尔奖；安东尼·列文虎克60年如一日地磨镜子，才有了精细显微镜的诞生；玛格丽特·米切尔一生只写了一本小说《飘》，却成为享誉世界的文学经典；曹雪芹花费数十年笔耕不辍，一本《红楼梦》写尽人生百态、世态炎凉；齐白石专注于画虾十余载"始得其神"……

人的时间和精力是有限的，只有专注于一个领域精耕细作，才有可能有所建树。现在各行各业的专业化分工越来越细，对专业度的要求越来越高，我们要想在某个领域拥有过人的优势，没有持续的专业积累是不行的。正如刺猬与狐狸的故事告诉我们的：专注于自己的核心竞争力，不要轻易分散自己的精力和资源。

美国的沃尔格林公司从一家家庭作坊式的小店发展成世界上最大的食品和药品零售企业之一，它凭借的就是刺猬理——"做最好、最便利的药店"，最终取得了成功。

很多人辛劳奔波一生但最终一事无成，不是他们不够聪明，也不是他们不够努力，而是他们常常朝三暮四，不能专注于一件事，把这件事做好做精。今天看见别人开服装店挣钱了，就跟着也卖服装；看到别人炒股赚钱，就一头扎进去……结果频繁地换行业、换工作，每一次都是从零开始，刚有点起色就又转行了，几年下来，没有做成任何一件事情。

作为职场中人，我们要好好想想自己的优势在哪里，什么是你真正想做并且想干好的事情。确定好方向后，只需要像刺猬一样，专注于一点深扎下去，力求做透做精。只有持续保持专注才能做到专业，只有专业的人，才能拥有核心竞争力。

第五章　时间管理：赶走负面情绪

41. 用行动赶走负面情绪

时间管理归根结底是人的情绪管理。人的情绪是一种巨大的、神奇的力量，它既能催人奋进，让人精力充沛、心情愉快；又能让人心情烦躁，情绪低落，甚至万念俱灰，将人推向万劫不复的深渊。

在生活中，每个人都要与形形色色的人打交道，要面对各种各样的困难和挑战。如果我们不懂得控制自己的坏情绪，就很容易给自己的人际关系带来困扰，对自己的工作和生活造成很大的负面影响。

那么，人出现负面情绪时该如何化解呢？方法有很多，其中最有效的就是行动。

有这样一则故事：

在古老的西藏，生活着一个叫爱地巴的人，他每次与别人起争执时，就会快速跑回家，绕着自己的房子和土地跑3圈，然后坐在田边喘气。在他的勤奋努力下，他拥有的土地越来越广，房子也越住越大。但不管他变得多么富有，只要一与人争执生气，他就会绕房子和土地跑3圈。当地的人都很疑惑，问他为什么要这么做，爱地巴每次都笑而不语。

后来爱地巴老了，有一天，他拄着拐杖绕着房子和土地转完3圈，太阳都落山了。他的孙子看着在田边喘气的爷爷，恳求爷爷告诉自己这么多年为什么一生气就绕着房子和土地跑。

爱地巴说："我年轻的时候，一跟人家吵架、争论，就会绕着房子和土地跑，边跑边想，我的房子那么小，土地这么少，我哪有时间和资格去跟人家生气啊。一想到这里，我气就消了，于是把所有的时间都用来努力工作。"

孙子又问："阿公，现在您已经是我们这里最富有的人了，而且您年纪也大了，为什么还要绕着房子和土地转圈呢？"

爱地巴笑着说："我现在还是会有生气的时候，每次生气时，我就绕着房子和土地走3圈，边走边想，我的房子这么大，土地这么多，我又何必与人计较呢？一想到这里，我的气就消了。"

每个人，无论他的事业做得多大，多成功，都难免会产生愤怒、悲伤、失落等负面情绪，关键是如何化解不良的情绪给我们带来的消极影响，最好的办法就是行动。

  如果完全靠理智，人是很难战胜情绪的，能战胜情绪的只有行动。当你因为一些琐事而愤怒、悲伤、耿耿于怀时，不如抓紧时间，立即行动，化悲愤、抱怨为动力，全身心地投入自己热爱的事业和梦想中，就能像故事里的那位老人一样创造属于自己的奇迹。

42. 接受并体察你的情绪

  人的情绪多半是在无意识状态下产生的，生气或悲伤的时候，我们很可能并不知道情绪要告诉我们什么。当消极情绪发生时，很多人会下意识地逃避。其实人的情绪如同气球扔在水面上，越是想压下去，球越会从另一边浮起来。我们要学会接受并体察自己的情绪，从中找到真正的意义与目的。

  有这样一个故事：

  在一堂关于情绪管理的课堂上，吉里根老师让一个精通法语、英语、希伯来语和汉语的男孩，用一种大家都听不懂的语言向大家抱怨5分钟。男孩选择了法语。5分钟的抱怨结束后，老师对他说，自己的胸部很难受。这个男孩子表示，他也感受到了自己胸部的难受。

吉里根老师让他带着胸部难受的觉知，继续抱怨5分钟。结果，有趣的事情发生了，这个法国男孩子尝试了一会儿后，再也发不出抱怨了。

为什么我们总是抱怨这、抱怨那呢？心理学家分析，人们在向别人抱怨，传递负面信息时，其实是在逃避自己内在的痛苦。若内在的痛苦找不到合理的发泄途径，就会表现为身体上的不舒服，以此引起人的注意。当人们开始正视并接受它的存在时，原本在体内躁动不安的不满、愤怒等情绪一下子就安静下来，身体上的不舒服也就随之消失了。

所以，先接受和体察自己的每一种情绪，才能真正地顺应内心，帮助内心回归平和。那么我们该如体察自己的情绪呢？

（1）正视你的情绪

负面情绪一旦产生，并不会凭空消失，如果不正视它，一味地逃避和压制，可能会带来更坏的影响。既然挥之不去，不如正面迎击。

美国宾州大学心理学教授托马斯·波克在治疗慢性焦虑症时，要求患者每天必须抽出30分钟的时间在固定的地点去担忧自己平时担忧的事情。在这30分钟内，患者必须全神贯注地担忧，而在30分钟之后，就要停止担忧，并告诉自己："我每天有固定的时间可以担忧，现在不必去担忧。"事实证明，这种方法对缓解忧虑情绪确实有着不错的效果。

（2）用逆向追溯法认识自己的情绪

很多人的情绪化都产生于孩提时代。孩子很可能因为做错某一件事、说错某一句话而受到训斥，也可能因为淘气而受到处罚。这种孩提时代的情绪体验会深深地影响长大成人后的情绪状态。所以，我们可以顺着自己的心灵发展轨迹，溯流而上，用当前的情绪去联想更多的情绪状态，慢慢回忆自己的各种情绪经历，并询问自己如果当时采取另外一种更恰当的情绪反应会是什么样。这样，人的心态会变得更加平和。

（3）养成经常自省的习惯

曾子曰："吾日三省吾身，为人谋而不忠乎？"意思是说，我一日多次反省自己，帮朋友办事是不是尽心尽力了呢？体察自己的情绪也一样。如果能够时时问自己"我为什么这么做？我现在有什么感觉？"，则有助于更加清楚地认识自己的情绪，也有助于理解和接受他人的错误，主动消除一些负面情绪的干扰，培养积极的情绪。

43. 利用GTD法则减少焦虑

我们每天常常要处理很多事，工作、会议、与人交谈、回复微信和QQ、处理突发事件等，在处理这些事情的时候，有时候难以理出头绪，忙得焦头烂额还是感觉毫无效率，这时候焦虑情绪就会增加。那么，我们该如何缓解压力、减少焦虑呢？可以试试时间管理的GTD法则。

GTD是Getting Things Done的缩写，就是"把事情做完"的意思，这是当下比较流行的时间和效率管理方法。GTD法则认为人的压力不是来自任务本身，而是大量任务在大脑里的混沌塞积，造成心理的焦虑和抵触。如果通过记录的方式把大脑中的各种想法移出来，将大脑清空，然后再对这些事进行整理分类，确定下一步的处理方法，将所有悬而未决的事情都纳入一个可控的管理体系中，我们就能够心无挂碍，全力以赴做好眼前的工作，提高效率。

GTD法则的具体操作方法分为5步：收集、整理、组织、回顾、执行。

（1）收集

准备一个可以用来放置各种实物的收件箱或者篮子，或者可以用来记录各种事情的笔记本、电子邮箱、纸张等，然后把你能想到的所有东西都罗列出来，形成待办列表。这一步的目的在于把一切赶出你的大脑，准备好做下一步的处理。

（2）整理

定期对收集好的待办任务清单进行整理分类，整理时要注意从清单最上面开始，一项项依次处理，处理完一件打上钩。任何事情如果花的时间少于2分钟，那么马上就去做，也可以委托别人去做或将把它延期，否则就把它存档或删除。如果一个项目涉及到多步骤的工作，那么需要将其细化成具体的工作，以便下一步的处理。

（3）组织

组织下一步行动，形成项目，等待处理或将来处理。对每一个待办事项定好下一步应该如何行动，比如，你需要完成一个项目报告，下一步行动很可能是给相关人员打电话或发邮件询问报告的要求。虽然写报告需要很多个步骤，但询问报告的要求是你首先要做的事情。这样的事情就记录在"下一步行动"列表上。

等待处理的任务如果可以或已经委派他人去做，建议列成清单，以便随时跟踪以及定期检查是否可以采取行动或者需要发出一个提醒。将来处理清单，则是记录延迟处理且没有具体完成日期的任务和未来计划等，例如"学习潜水"或者"环球旅行"等。

（4）回顾

每周或每月进行一次回顾与检查，回顾你在过去的一周或一个月里清单完成的情况，并对清单进行更新，制订好下一周或下一个月的工作计划。

（5）执行

最后一步也是最重要的一个步骤就是行动了，你可以根据所处的环境、时间的多少、精力情况以及重要性来安排完成清单上的任务。

44. 远离非理性情绪

人既有理性的一面，也有非理性的一面。通常，我们会尽可能让自己表现出平静、理性的一面，但一旦遭遇突发事件或者其他非理性因素，比如生老病死、悲欢离合、利益纠纷时，我们的不理性的一面就会占上风。当情绪爆发的时候，我们往往来不及想"我要冷静，我要理性思考"，而任凭情绪驾驭我们做出非理性的行为，最后得到事与愿违的结果。我们常常呼吁理性，但请别忘记人总是有情绪的，而控制的办法就改变自己对外界事物的看法和态度。

美国著名的心理学家阿尔伯特·艾利斯（Albert Ellis）认为，人的情绪不是由某一诱发性事件的本身引起的，而是由经历了这一事件的人对这一件事的解释和评价所引起的。简单地说，就是人的情绪不是来自事件，而是来自人对事件的认知。当我们对事物的认知和判断产生偏差，我们就会受到非理性情绪的干扰和影响。而我们能做的就是尽量保持理性，改变对事物的认知，学会从不同的角度看待问题，让非理性的情绪不能左右我们的生活。如果你觉得这很难做到，可以试试以下两种方法。

（1）自我暗示法

自我暗示可以有效地调节自己的情绪。方法很简单，就是给自己输送积极的信号，调整自己的心态和情绪。比如，早上去上班，赶上堵车，心情很烦躁，忍不住想发火时，给自己暗示：今天我心情很好！我今天很高兴！今天我办事一切顺利！可以在内心默不作声地进行，也可以大声地说出来或唱出来，还可以写在纸上。总之，多给自己一些积极的暗示，让自己的潜意识接受这些信号，能够让你保持心情愉快，精神饱满地投入工作。

（2）注意力调控法

人的注意力就好比一台摄像机，镜头对准事物的哪一部分，注意力就会关注哪里。同样一件事，关注点不同，认知就不同，当然心态和情绪表现也不尽相同。有的人每看到一件事物，首先想到的是它的缺点和困难，情绪就会陷入沮丧。要想控制好自己的注意力，可以借助提问题的方式转移我们的关注点。你提出什么样的问题，大脑就会自动探索有关的答案，你的注意力就会聚焦在相应的问题上。比如，今天路上为什么这么堵？这时你的注意力就会转移到寻找造成堵车的原因，而不是总在抱怨，焦躁不安地想着什么时候能到家这一类的问题。

所以，改变情绪有效且简单的方法就是设法转移我们的注意力，当我们遭遇非理性情绪时，多想想自己曾经做过的那些有成就感的事。如果你讨厌一个人，把注意力调整一个角度，看看这个人是否有闪光的一面；当你认为一件事糟糕透顶时，把注意力调整180°，看看事物的另一面。这样做或许能帮助你摆脱负面情绪，让你的心情变得更加愉快，让你的生活、工作和学习更加顺利。

45. 抵制诱惑，不为欲望所累

拥有过多的欲望其实是在透支生命的快乐，当人被过多的欲望蒙蔽了双眼时，就会陷入无止境的烦恼、劳累和困苦中。人心就像是一个固定大小的容器，里面能装下的欲望只能这么多，超过了人心所承受的重量，人能感受到的就不是快乐，而是负担。

我们强调时间管理，是要合理利用时间，把时间合理分配到我们要做的每一件事情上。欲望太多，想要做的事情无止境，不仅影响整个时间安排，更影响自己当下的生活和工作状态。因为无论你怎么安排，一天只有24小时，事情太多，时间必然不够用，你做了这件事，不自觉地会想到还有另外的许多事没有做，时间长了，就会产生挫败感。

所以，我们最重要的是让自己更了解自己，了解哪些是自己真正擅长且能做成的，哪些是不切实际的幻想。在制定目标之前，一定在清楚自己的实力所在，不做徒劳的努力。

那么，我们如何做才有助于管理自己的欲望呢？

（1）保持理智，为你的欲望留出一条防火线

合理的欲望能成为激发我们前进的动力，但是欲望太多或者不切实际则有可能成为你的噩梦。就像你在晦涩的丛林中探索，你需要的是火把，而不是将丛林烧毁的火焰。所以，在诱惑面前，请保持理智，弄清楚什么是真正需要的，哪些是可有可无甚至是要坚决抵制的。用你的理智建造一个真空的地带，当不合理的欲望升腾时，确保它无法越过内心树立的那道防火线。

（2）转移注意力

人们常会因为得不到某些东西或者达不到某个目标而深感苦恼，这时可以设法让自己转移注意力。比如，你现在很想购买一台精美的相机，但目前的经济状况并不允许，你内心很纠结，这时可以让自己听听音乐，或者散步和慢跑来转移你的注意力，让身心放松一下。当心态放平和后，再理智地分析一下，自己是否真的需要这件东西或者的确有必要做成某件事。

（3）找人倾诉

诱惑面前，要做到从容转身并不容易，有时候越是得不到就越想要得到，于是思想就容易进入死胡同。所谓"当局者迷，旁观者清"，此时不妨找家人或朋友倾诉一下，发泄一下苦闷的情绪，没准他们还能给你中肯的建议，协助你处理棘手的问题。

46. 避免接触懒惰的人

懒惰和拖延一样，往往被认为是时间管理的问题，实际上它们都是心理上的焦虑、压力等负面情绪调节不力所导致。人在生气、嫉妒、羞怯和嫌恶等情绪状态下，容易引发懒惰情绪，使自己无法按照自己的意愿去做事。懒惰的人常常看起来似乎很安逸,无所事事,实际上却是无聊、倦怠和消沉。

中国有句话叫"近朱者赤,近墨者黑",不光人的品性会传染,人的情绪态度也是会传染的。如果你整天和遇事拖沓、行为懒散的人在一起,那么久而久之,你很可能也会成为这样的人。如果你想成为一个优秀且高效率的人,那么请从今天起,除了尽量避免接触懒惰的人,还可以考虑这样做:

(1)接触做事效率高的人

优秀的人必有可取之处,多跟那些做事效率远超过你的人接触,你不仅可以从他们身上学到许多你不具备的技能,潜移默化间还可以使你培养起与他们相同的做事风格和习惯。

(2)与志同道合者为伍

在工作和生活中,那些与你志同道合的朋友和同事,他们不是你的竞争对手,而是你的财富。他们朝着目标努力的态度不仅会感染你,在你遇到无法克服的困难时,他们还可以给你一些支撑。

(3)结交有好习惯的人

如果你想培养自己某一方面的好习惯,可以多和拥有这些好习惯的人交朋友,向他们看齐。比如,你想养成锻炼的习惯,可以多结交喜爱健身的人,跟他们一起去游泳、跑步或者去健身房锻炼;

假如你想养成阅读习惯,可以加入某个读书会,经常和书友一起交流阅读心得等。如果你坚持这样做,一段时间后,再回过头看自己,你一定会惊讶于自己的改变。

47. 不要苛求完美

一位老将军去部队观摩士兵们的射击训练,对他们的射击表现很不满意,说:"来,我给你们示范一下。"说完,他端起枪,稍加瞄准,射出一枪。"8环!"士兵们顿时鸦雀无声,心想将军毕竟年事已高,偶尔一靶失常也是可以理解的。

将军不动声色,再次端起枪,仔细瞄准,"啪"地一枪射出。"8环!"对面又传来了报靶声。这时,已经有士兵开始窃窃私语了。将军再次瞄准,这回瞄的时间更长,遗憾的是接下来的第三枪、第四枪仍然还是"8环",士兵们开始骚动了。第五枪,将军花费了更多时间,终于,他扣动扳机,所有的人都屏住呼吸,等待想象中的10环出现,然而仍然只有"8环",而且第六、七、八、九、十枪,将军一次比一次环数低,有一枪甚至只打出两环的成绩。

士兵们议论纷纷,甚至隐隐可以听到讥笑声。将军依旧一言不发。这时，一位眼尖的士兵突然惊讶地叫道："看呐，将军的靶眼连起来，不正是一个标准的五角星吗？"此时，整个靶场响起了经久不息的掌声。

这位将军是否第一枪开始就是想用与众不同的方式来展示枪法，还是本身就是一次失误，我们无从得知，也不重要，重要的是将军后面的几枪彻底抛开了打靶就要10环的标准和规则，而结果却比10环更精彩。

人生犹如打靶，没人能够一直按照心中设想的目标行事，也没人可以一直按照世俗的标准走对每一步，多数时候，我们会经历起起落落，面对无数不完美的结局。如果事事追求完美，一旦事情没有按照心中的期望完成，便容易产生自卑、抑郁等情绪。

哈佛大学的泰·本博士认为，完美主义实际上是"一种充斥在我们生活中的对失败的本能性恐惧，这种恐惧使得我们在心理上屡屡受挫，最终面对现实只有认输；而在行动中拘于小节，进程缓慢"。

我们在时间管理中，要注意避开完美主义。我们要利用好时间，就不能试图把每件事情的细枝末节都做得完美无缺。时间是稀缺资源，我们选择了做某件事，必然就要放弃做其他的事情，而这些被放弃的"其他事情"就是"机会成本"。所以，我们做事情的标准，并不是要把每一件事都做到完美，而是要时刻保证自己正在做最重要的那件事。确保自己一直在做重要的事,就是确保自己的时间一直都在被高效地利用。

48. 学会克制冲动情绪

我们管理时间就是管理自己的行为,而管理行为背后实际上是对我们的情绪和信念的管理。冲动是人的诸多情绪中的一种,人在情绪冲动之下往往容易失去理智而做出一些违反常规的事情,等到事情发生后,却付出了惨痛的代价。

心理学认为,冲动实际上是一种行为缺陷,它是受外界刺激所引起的、突然爆发、缺乏理智而带有盲目性、对后果缺乏清醒认识的行为。冲动的人常常表现为感情用事、鲁莽行事,他们对行为的目的没有清醒的认识,对行为可能产生的后果没能形成一个理性的认识,结果往往因为一时的忘乎所以、盲目放纵而铸成大错。

冲动情绪实际是一种最无力的情绪,也是具有极大破坏力的情绪。我们应该采取一些积极有效的措施来控制自己冲动的情绪。

(1)数颜色法

克制冲动,首先要做的就是设法先给情绪降温。有一个简单易行的办法，就是数颜色法。当上司对你大吼大叫时，你潜意识里可能在回击："你才是白痴呢！"但如果你冲动之下脱口而出，后果可想而知。此时，你可环顾一下四周，看看周围的物体都是什么颜色的，然后在心中默念，比如"那是一面白色的墙，那是一张棕色的沙发，那是一个蓝色的水杯，那是一个绿色的文件夹……"，大约默念30秒左右。

30秒后，你的情绪会变得冷静些。这时你再想想，你该怎么应付眼前的情况。经过这一短暂的缓冲，你就能以理智的态度去对待。面对发火的上司，你可能会想："可怜的老板，他现在在气头上，胡言乱语是难免的，等他冷静后我再跟他解释清楚。"当你能熟练运用这个方法后，你会发现自己花在生气上的时间越来越少，而花在工作上的时间越来越多了。

（2）沉默法

冲动情绪往往来得快，去得也快，它就像一匹野马，但只要自己紧紧握住缰绳，就能设法制伏它。而化解冲动情绪首先要做到克制，用沉默来对抗心中的冲动是最明智的做法，只要你不为对方所动，就不会被情绪所害。

如果面对别人的讥讽、嘲笑时，你选择反唇相讥，甚至用拳头表达愤怒，很可能弄得两败俱伤。但如果你能提醒自己冷静，以沉默作为武器以示抗议,反而能使消极情绪变淡。比如对方不讲理或者讥笑、嘲讽你时,可以在心里默念"我不生气""我不在意",也可以在心里默念诗词或文章等,还可以在家里或者办公场所比较醒目的地方立个座右铭,这样可以随时提醒自己克制冲动。

49. 如何快速调整工作状态

人在持续工作一段时间后,会感觉到疲劳,这其实是身体发出的一种保护性反应。人的精神处于紧张状态时,脑神经细胞同时在进行着新陈代谢,身体消耗各种营养物质和堆积的代谢物的速度很快,大脑处于兴奋状态。当这种兴奋状态达到一定程度后,就会减弱,人就会感觉到疲劳,这时候,就会出现头昏脑涨、注意力不集中、反应迟钝等大脑工作能力下降的现象。

此时,如果强迫大脑继续高速运转,不仅工作效率低,还可能导致大脑功能紊乱,导致失眠。如果你从事的是危险行业,比如长途汽车司机、车间的机械工等,疲劳操作还容易引发人身安全事故。

工作中感觉特别疲惫时,我们不能强迫自己继续工作,也不能感觉累了就马上放下手中的工作回家休息,最好的办法就是掌握一些随时随地能放松身心的技巧，这样能尽快地调整好状态，以更饱满的精神投入工作中。

这里有一些小技巧，或许可以帮助我们从疲惫状态中快速恢复精力。

（1）做眼保健操

上学的时候，课间眼保健操能帮助我们对抗视疲劳。其实这个方法在工作中也可以用，特别是对长期坐在办公室，眼睛长时间注视电脑的上班族来说，感觉累了做做眼保健操，不仅能缓解眼部疲劳，而且大脑也可以趁机得到休息。

（2）小憩一会儿

现代人工作和生活的节奏都很快，很多人忙于工作，常常会出现睡眠不足的情况，为了弥补睡眠的缺乏，就需要用小睡来补上。有办公室、家中或者车上小憩一会儿都可以使自己恢复精神。不过，要注意把握小憩的时长尽量不要超过30分钟，这是因为人睡着约30分钟后就会进入深度睡眠阶段，这时很难一下子恢复清醒。所以建议将你的小憩时间限制在半小时之内，这样可以让大脑迅速恢复活力。

（3）冥想

经常冥想有助于缓解疲劳。工作累时，静静地闭眼睛，让大脑想象一些自己喜欢的静谧场景，可以是空旷寂静的森林，或者平静的湖面、蔚蓝色的大海等，如果感觉难以静下心来，可以放一首轻音乐，帮助自己放松下来。时间保持在5~10分钟即可，掌握好了这个技巧，每次冥想结束能达到睡眠1小时的效果，经常这样做，不仅能让大脑放空，提升想象力和创造力，还能增加做事的条理性，对提升工作效率大有裨益。

50. 多留一些时间给睡眠

有这样一个故事：

一个伐木工在树林里满头大汗地锯着一棵树。

一个路人看见了，就问："你在干什么？"

"你看不见吗？"伐木工不耐烦地回答，"我要锯倒这棵树。"

"你看来已经筋疲力尽了！"路人大声问道，"你干多久了？"

"5个多小时了，"伐木工回答说，"我是筋疲力尽了！这可是件重活。"

"嗨，你为什么不停几分钟，把锯磨快？"路人问，"我可以肯定这样做会使你锯得更快些。"

"我没有时间磨锯，"伐木工断然说，"我忙得没有时间磨锯！"

现代社会中，我们很多人正像这位伐木工一样，每天都在拼命工作，却不懂得适当的休息可以让我们的工作更有效率。列宁曾说："休息是为了更好地工作。"生活中，虽然学习和工作很紧张，但只有注意劳逸结合，才能有时间停下来磨快自己的"锯子"，以加快成功的步伐。不懂得休息的人，看似很努力，好像节省了时间，实际上可能已经失去了迈向成功的机会。

我们进行时间管理，最主要的目的就是提高我们做事的效率。真正的高效率一定不是靠熬夜熬出来的，只有懂得留点时间给睡眠，注意劳逸结合才能实现高效率。如果你细心观察会发现，做事效率高的人睡眠质量也不会太差，会工作的人往往也是会休息的人。

丘吉尔活了90岁，是英国历任首相中最长寿的，其长寿秘诀就在于睡眠。丘吉尔任职期间正值第二次世界大战爆发，国际国内局势极不稳定，瞬息万变，他每天日理万机，但这从不会影响他的睡眠，每当累得精疲力竭时，他躺下就能睡着，从不失眠。

除了晚上的睡眠时间，丘吉尔每天中午还保持着午睡的习惯，以便养精蓄锐，这样即使晚上工作到半夜还能保持精力充沛。他常常向身边的人宣扬午睡的好处，因此效仿他的人很多。据说美国总统肯尼迪和里根总统就曾效仿过他的午睡方法。

除了保证高质量的睡眠质量，丘吉尔还常常会在每天午睡或晚饭前后去骑马、打棒球、观赏动植物、画画等，有时候还会动手砌一会儿墙。

可见，合理的休息不但不会影响做事的效率，反而能让人更加精神饱满地投入工作。那么，我们在生活中该如何做到劳逸结合呢？

（1）最好有固定的休息时间

首先一定要做到有固定的休息时间。到时间了就睡觉，早睡早起身体好。一般来说，青少年和儿童每天必须保证8小时的充足睡眠，成年人可以略少，但最好不少于6小时，老年人睡眠少，每天保证5小时就可以了。

（2）不要把床当成工作和学习的场所

让床只发挥睡眠的功能，而不是你工作和学习的场所。到了睡觉时间，还躺在床上处理工作，读书看报，看电视、手机等电子产品，这会削弱床与睡眠的直接联系。真正睡眠好的人，往往能做到一沾枕头就入睡，这是因为床对于他们来说就是睡觉的场所，以至于形成了条件反射。

（3）经常运动

每天睡前或饭后跑步、骑车、练瑜伽等可以有效缓解工作和生活中产生的紧张和焦虑情绪，可起到缓解压力的作用。感觉无法入睡时，还可以试着做做深呼吸，可以平复负面情绪，有助于睡眠。

总之，方法有很多，要多尝试，根据自己的作息习惯找到适合自己的有助于提升睡眠质量的方法。希望每个想要提升工作效率的人都明白一点，单纯靠疲劳战术来拼效率是最没效率的，毕竟每个人一天都只有24小时，再怎么挤也有限，我们应该关注怎样提高现有时间的利用效率，从而规划好自己的作息时间，做到会工作也会休息。

第六章　时间管理：高效率就是生产力

51.计算你的单位时间产出

在很多人看来，管理时间就是对自己的时间进行管理，把每天的24小时安排好就可以，比如应该几点起床、几点睡觉、几点吃饭、几点工作，等等。实际上，这只是时间管理的具体方面，而非目的。时间管理的最终目标就是要提高我们单位时间的有效产出，让我们用最小的时间代价获取预期的工作结果。

成功者不仅能管理好自己的时间，而且能让时间发挥出它最大的价值。曾经有人问马云："您是如何在15年的时间里，建立一个庞大的网络帝国的？"马云说："我的秘诀是，每一分每一秒都做最有生产力的事。"

时间是有价值的，提升单位时间价值，是获取成功的秘诀。如果同样一项工作，在经验和技能熟练程度相差不多的情况下，一个人花费的时间成本大于社会平均水平，那说明他的时间投入和产出比过低，此时要做的就是提升自己的单位时间效率。

我们经常会用一个粗略的公式来计算工作效率：

工作效率=工作量÷工作时间

之所以说它粗略，是因为这个公式比较适用于重复性工作的效率计算，比如对车间计件工人或者客服人员的工作效率计算。而对于需要发挥创意来完成的工作，则很难只通过时间和产量来衡量工作成果。因为，除了量，更重要的是单位时间的工作质量。所以，衡量一个人的工作效率，除了时间、数量，还有质量，只有同时满足这3个条件，工作效率才有保证。

比如，我们现在要完成这样一项工作：4小时内完成1000位用户的基础信息核对，在保证数据准确的情况下，形成统计表。

这项工作就包含了3个要素：一是时间，4小时内完成；二是数量，1000位用户的信息核对；三是质量，保证数据准确，形成统计表。我们在处理这项工作时，如果头脑中有这3个明确的概念和目标，在执行时就会不自觉地提升自己做事的效率。

所以，在我们的工作和生活中，要提升做事的效率，就要尽可能地让每一项工作都有一个统一、清晰的衡量标准，即使不能精确，也要有一个可把握的轮廓和尺度。因为，任务越是可衡量，目标就会越明确，就越能促使我们投入时间和精力，如此才能做到提升单位产出,成为一个高效率的人。

52. 被逼出来的生产效率

心理学上有一个著名的理论叫"倒U形曲线理论",这个理论常被用来描述人的动机强度与工作效率的关系。当人做事的动机不足或过分强烈时,工作效率就会大打折扣,只有当动机强度处于中等水平时,人的工作效率才最高。

研究还发现,人的动机除了与压力强度有关,还会随任务性质的不同而发生变化。比如,我们在处理较简单的工作时,人的动机较强,效率高;在完成中等难度的任务时,如果心理压力适中,也能保持一定的专注;在完成困难任务时,人的动机会明显下降,此时让自己保持放松反而能有效地解决问题。

俗话说:"人无压力轻飘飘,井无压力不出油。"可见,有压力并不总是坏事,压力就像是一把双刃剑,有坏的一面,也有好的一面,关键在于握"剑"的人怎么使用它。 那么,如何让自己保持适度的压力,提升工作效率呢?以下两个方法可供参考。

（1）增加工作量

当工作大量堆积且亟待解决时，人的压力感就会骤增，这会促使我们尽快行动起来。所以，如果你想提高自己的工作效率，不妨在你的日/周日程表上尽可能地多罗列一些任务，并且给它们设定好时限，时刻提醒自己在规定的时间内完成。

（2）先放松

碰到十分棘手的任务时，人的本能反应就是逃避或拖延，这时人的心态大多有两种，一种是因不能顺利完成工作，内心压力过大而自责、情绪低落；另一种是认为自己根本做不好，干脆放弃，内心反而无压力。

这两种状态都无法帮助自己迅速进入工作状态，此时不妨让自己休假，或者去做一些能让自己放松的事情，把工作压缩到更短的时间内完成。当人的心态调整好后，突然发现时间不多了，此时往往能一头扎进工作中，迅速找到解决问题的关键和方法。

总之，要提升工作效率，就要尽量让自己保持适度的压力。感觉没有工作动力时，不妨给自己制造一点压力，逼迫自己完成更多的任务。如果感觉被工作压得喘不过气时，不妨把工作放一边，让自己先放松一下。

53. 习惯现在就做

一个和尚决定云游参学。师父问:"什么时候动身?"和尚说:"下周。考虑到路途遥远,我托人打了几双草鞋,打算等鞋做好了就动身。"师父沉吟一会儿,道:"不如这样,我请信众捐赠。"

当天晚上,和尚收到了几十双信众赠送的草鞋,堆满了草房的一角。到第二天,又有信众送来了几十把雨伞。晚课过后,师父问:"草鞋和雨伞够用吗?"

"够了,够了!"和尚看着房间里堆成小山似的鞋和雨伞,"太多了,我不可能全都带上。"

"这怎么行呢!"师父说,"天有不测风云,谁能料到你会走多少路,淋多少雨呢?万一鞋破了、伞丢了怎么办?你一定还会遇到不少溪流,明天我再托信众给你捐舟,你一并带上吧!"

这时,和尚才明白师父的用心,他跪下来说:"弟子现在就出发,什么也不带!"

生活中,有很多人就像故事中的小和尚一样,虽然有目标,但遇事总习惯于拖延,本来可以马上就做的事情,总是一拖再拖。比如,晚餐过后,你本打算把杯盘洗刷干净再看电视,当你看到一片狼藉、满是油污的水槽时，你感到很厌烦，于是安慰自己："我先看会儿电视，等广告时间再回来洗。"可事实是，一坐上舒服的沙发，你就再也不愿起来了，等把电视关掉时，已经是深夜了，于是洗碗的任务"顺理成章"地推到了第二天。

再比如，领导要求你一周之内把项目计划书完成。你感觉领导很器重你，做事认真的你不想被领导责骂，于是决心把计划书做到完美。由于一时又找不到头绪，于是你花了很多时间在搜集资料素材上面，常常为一些细枝末节而纠结，等到了交稿时间，才只完成了一半……

从心理学上讲，一个人之所以会办事拖延，常常与3个因素有关，一是对事情本身不感兴趣，内心很抵触，于是总想找借口推脱；二是感觉事情很复杂，找不到头绪，不知道从哪里下手，导致事情被耽搁；三是过于追求完美，总是纠结于细节，导致任务不能按时完成。

不管你属于哪一种，事情总是要处理的，你可以试试看"别想太多，现在就做"的方式。这说起来似乎很容易，真正要做起来却会发现不那么容易。如果你也是这样，可以试着按以下几个方法去努力。

（1）经常自我反省与心理暗示

比如，当你不想去做一件事却又非做不可时，可以告诉自己

"晚做不如早做，机会不会等你""不必追求完美，但求尽力尽责就可以了"；还可以分析做这件事的好处在哪里，不做会造成什么后果等，以此来警示和激励自己。

（2）屏蔽干扰自己的事物

很多时候，不是我们不想做好一件事，而是在做一件事时总会不自觉地被其他事物吸引。最简单有效的办法就是找到这些分散注意力的事物，然后屏蔽掉它们。比如，工作时，把与工作无关的网页关掉，把QQ设置成忙碌状态，手机调成静音甚至关机等。

（3）合理分配任务

当需要处理的事情太多、太复杂、太难时，人就会产生畏难情绪而退缩。可以尝试着把这些工作按照难易程度进行合理搭配，或者把较大较难完成的工作进行拆分，变成容易完成又目标明确的小任务，以此提高执行效率。

54. 利用最有效率的时间

人和机器的最大区别在于，人有情绪，也会疲劳，而机器不会。经常加班熬夜的人，不一定工作就做得多，反而影响自己的身体状况和精神状态。一个人的精力有限，有旺盛的时候，也有低迷的时候，了解自己的生物钟和习惯，找到自己最有效率的时间段，可以帮助我们提升处理事情的效率，做到花更少的时间完成更多的任务。

生理学家研究发现，人的大脑在一天当中有4个时间段最为清醒，如果能合理利用起来，将会事半功倍。

第1个时段：清晨起床后

此时的大脑经过长时间的休息，已经重新活跃起来，这时候无论学习、记忆还是处理事情，思路都会异常清晰。

第2个时段：上午8点至10点

这个时间段人精力充沛，大脑思考能力最佳，棘手的工作放在此时处理效果最好。

第3个时段：下午6点至8点

这个时段也是用脑的黄金时间，很多人会用它来回顾、总结一天的工作，或者用来复习功课、整理笔记。

第4个时段：睡前1小时

此时人的记忆能力较强，可以用来学习一些专业性的知识或者记忆一些难以记忆的东西。

上面这4个时间段，只是人类每天的一般性的用脑时间规律。

由于每个人的生物钟不一样，生活、工作和学习的习惯不完全一样，一天当中精神状态最好的时段也会因人而异。有的人白天精神状态好，有的人一到晚上反而精神振奋。最重要的是找到并抓住自己状态最好的时段，在这个时段集中处理一些棘手的事情，工作效率会大大提高。

同样，我们可以去找找一周当中，哪天是自己工作效率最高的。有人曾做过统计，发现大部分人在一周中工作效率由低到高分别是周一（3.49%）、周四（5.86%）、周二（30.89%）、周三（13.98%）、周五（35.78%）。

其中，周一是效率最低的，人体的生物钟还没有从放假状态中调节过来，再加上积累了2天的工作，总感觉有很多事忙不过来，容易陷入琐事而忽略了重要的工作；周二，人们开始摆脱闲散状态，安排一周的工作计划，压力感增加，效率提升；周三，已经完全适应了忙碌状态，且精力旺盛，思路活跃，适合制定战略或做决策；周四，经过前三天紧张的工作后，会感觉身心俱疲，继续工作时效率比较低，适合去拜访客户，这一天谈合作比较容易成功；周五，效率最高的一天，因为临近周末，人的心情比较放松，这时处理一些头痛、棘手的事情会比较容易。

有不少人时间观念很强，做事情也愿意付出努力，但就是比别人效率低，此时不妨先了解下自己的生物钟，找到自己做事最有效率的时间段并利用好它。

55. 掌握高效阅读的技巧

从时间管理的角度来讲，不管是学习知识，还是查看文件，阅读速度直接影响阅读进度，间接影响获取信息的效率。所以，快速阅读是现代人需要学习并掌握的一项基本技能。

快速阅读并不只是追求阅读的速度，还要做到理解和领会其中的内容，是在享受阅读过程的同时，加快阅读的速度。这是一项技能，需要刻意练习才能熟练掌握。通常情况下，一个没有经过速读训练的人，要保证能看懂书里表达的意思，一般会在每分钟200~500个字的慢速度徘徊，一本书需要几天甚至几十天才能读完。而掌握速读技巧的人，阅读速度可达到每分钟1000字，通常一本书只需要1个小时或几个小时就能看完，而且还能准确而牢固地领会其中的要义和精华。

那么，如何从现在开始改变自己的阅读方式，提高自己的阅读速度呢？在这里简单介绍几种快速阅读的方法。

（1）S曲线法

阅读时，尽量让自己的视觉聚焦中心呈"S"形路线移动，从左至右，然后从右到左，并尽量尝试着兼顾上下3行的文字。如此反复练习，有助于养成处理信息既快且多的习惯。

（2）指读法

刚开始练习速读，可以用手指来进行辅助。用手指指着字阅读，随着眼睛移动的速度慢慢将手下移，通过手指移动来引导视线移动，注意手指移动时带动整个小手臂而不只是手指在动，这样能确保手指滑动时能盖过整行，而不只是一部分。

练习一段时间后，可以让手指着每行的第2个字或第3个字开始引导自己阅读，再隔一段时间，再往后几个字开始读，最终做到手指滑过每行的1/3处就可以轻松地读完整行内容。

（3）跳读法

跳读法就是让自己的视觉焦点从一个字群移动到另一个字群地阅读，而不是从头到尾、一字不落地通读，是有目的、有重点、有选择地去阅读自己想要阅读的内容。比如，读一本新书，只看序言、目录、内容提要，然后跳读感兴趣的内容，或者是跳读章节的标题和书中的重点标记、开头或结尾句等，总之以达到自己的阅读目的为准。

（4）理解训练

速读必须建立在理解的基础上，仅有速度而没有理解，这不是高效阅读。通常，我们速读的理解力要求达到70%即可，而不必达到100%，事实上即使慢速阅读，也很难做到完全领会书中的内容，我们只需要掌握其中对我们有意义的内容就够了，而不必全盘吸收。所以，在进行速读训练时，尽可能让速度与理解力保持在适当的比例上，使自己保持比较高的阅读效率和效果。

56. 用番茄钟来管理你的时间

我们身在职场，每天忙得就像陀螺一样转个不停，大家都在抱怨工作苦、工作累，那么有没有静下心来仔细分析，到底是工作量太大，还是工作效率低，或是工作方法有问题呢？即使是工作最忙的人，只要掌握了工作技巧，就不至于让自己每天都忙得不可开交。

在时间管理中，有一个著名的番茄工作法，很多人用过后都觉得自己的工作效率明显提高了。这个方法说起来很简单，就是将自己的时间分割成以30分钟为一个单位的"番茄"，每一个"番茄"

分为25分钟的工作时间,另外5分钟为休息时间。在一个番茄钟的工作时间内,只选择完成一项工作任务,不做与这项任务无关的事情,直到番茄钟响起。连续完成4个番茄钟后可以多休息一会儿,比如15~30分钟。

具体来讲,番茄工作法又可以分为计划、执行、应对中断、休息、记录5个步骤。

(1)计划

在开始一天的工作前,先准备3张纸、1支笔和1个计时器,然后在3张纸上分别写上"活动清单""今日待办""记录"。把你能想到的今天要做的事项都记录在活动清单上,想到什么就写什么,不必给它们排序。注意,这些事项必须是你一天内能够完成的,如果任务太多又无法完成,容易产生沮丧、懊恼情绪,反而影响做事效率。

活动事项列好后,花几分钟思考一下,完成这些工作需要多长时间,给每一个待办事项设置好番茄钟数量,然后依次将它们列入"今日待办"中。比如,查阅和回复工作邮件需要1个番茄钟,完成一份工作报告可能需要4个番茄钟,写一篇年终总结需要6个番茄钟。注意,要控制番茄钟的数量,一般超过7个番茄钟的任务,就要考虑是否可以把它拆分成更小的任务,再给它们分别设置时间来完成。

（2）执行

计划列好后，接下来就是真正开始工作了。选择其中一个番茄钟，开始全身心地投入工作。刚开始执行的一两个星期，每个番茄钟建议设置为25分钟的工作时间和5分钟的休息时间，让自己先适应这种工作模式，之后可以根据自己的工作习惯和效率来调整每个番茄钟的时长。比如，某一项工作提前完成了，还剩下一半的时间，那么下次遇到同类任务时，可以将番茄钟的时长或数量减少一些。

（3）应对中断

番茄钟设置好了，可在执行时总是被打断怎么办呢？比如，下属来请示汇报工作，或者同事要你签一份资料，朋友突然打电话找你帮忙，或者自己突然想到什么紧急事情需要马上去做，等等。工作中遇到这些情况在所难免，不必觉得懊恼，只需要如实地将中断的次数和原因记录下来即可。

当然，我们要尽可能地保护好自己的番茄钟，避免自己频繁被打断而影响工作效率。比如，一些无关紧要的琐事可以往后挪甚至不去管它；如果同事或朋友来找你，可以直接告知对方自己正忙，让他们过半小时再来找你；如果是上司指派了新任务，可以和上司协商，是否可以先把手头的事忙完，等等。

（4）休息

一个番茄钟结束后，让自己短暂休息一下，完成4个番茄钟时，可以进行15~30分钟的休息，让自己喝杯水，活动一下身体，看看窗外，总之，可以做一些与工作无关的事，让自己的身心放松一下。不过，在休息时尽量不要刷手机，这样你的大脑和眼睛仍然得不到休息，而且还可能因沉迷其中而忘记时间，影响下一项任务的完成。当然，和番茄钟一样，休息时长并没有固定的标准，这取决于自己的精神状态。

（5）记录

最后不要忘记做一件事，就是记录。我们每完成一个番茄钟，应及时记录自己的状态，中断了几次，造成中断的原因是什么，有没有办法可以避免，等等。待一天的工作结束后，记录一下今天完成了多少项任务，其中有多少是计划内的，有多少是临时加上去的。如果大部分任务都是临时加的，就要思考自己做计划时是否思虑不周，还是工作变动大导致的。总之，记录的目的在于分析和了解自己，优化自己的时间观念，最终摸索和总结出适合自己的时间和精力管理方法，帮助自己提升效率，获取更大的成功。

57. 为重复性工作建立工作模板

不管是职场新人，还是工作多年的职场老人，都会面临同样的困扰，那就是如何高效应对一些重复性工作。对于职场菜鸟来讲，每一项新的工作任务都是挑战，面对一个新的领域，没有过往的经验可参考，没有人可以时时指导，这时肯定是茫然的；对于工作多年的人来讲，每天要花费大量的时间去处理一些重复性工作，就像机器人一样工作，实在是苦不堪言。那么，如何做能帮助我们摆脱重复性工作的烦恼，优质高效地完成任务呢？

（1）梳理工作流程

让重复性工作流程化将会大大节约你的时间，还能提高办事的效率。即便你已经十分熟悉某项工作了，若不能使之流程化，你仍然可能会因为忽略某些关键细节而把事情搞砸。所以，不妨站在新人的角度来重新审视你的工作，了解这项工作由几部分组成，每部分又由几个分项组成，它们之间的内在联系如何，每个环节的主要人员及办理时间是什么。这样做的目的是让你站在一个更高的角度来审视整个任务的全貌，了解整个过程需要的时间，以便做出总体安排，从而掌握任务的推进节奏。

（2）建立任务模板

对工作任务的各个环节和要素都了解清楚后，接下来需要建立一个清单。在清单上列出执行步骤，注意详细写明每个步骤的要求和目标，可以细致到每个步骤需要哪些人员参与，需要哪些图表，以及注意事项等，总之越细越好。这个表做好后，可以将它当作工作模板，下次再处理同样的任务时，就可以照着模板执行，节省思考和准备的时间，等任务结束后还可以对照模板查漏补缺，保证工作顺利完成。

模板建立好后，还要注意根据工作环境的调整和变化，随时对其进行调整优化，让模板与实际工作要求保持一致。

（3）利用技术让工作自动完成

不管哪个行业，都难免要面对重复性工作，我们可以借助某些技术手段让自己变得更高效。我们不妨将每天都要做的任务列出来，想想有哪些任务可以实现自动化完成。比如，我们每天都要在电脑上录入数据，这项工作虽然简单却很枯燥，这时可以通过模拟计算机指令编程的方法解决；如果要对多张图片进行重复操作，则可以利用Potoshop的批处理来完成；如果你还在抱怨每天清理电脑垃圾很麻烦，可以借助360安全卫士的"自动清理"功能帮助你解决这个烦恼。总之，对待工作，要多思考和尝试，看看有没有更省时省力的方法可以帮助自己提升效率。

58. 善用零散时间

我们常有这样的体会，平时总抱怨工作太忙太累，可真正停下休息，反而感觉无精打采、心烦意乱，甚至觉得比工作时还疲累。这时，人之所以感觉疲累，并非真正的身体的疲惫，很可能只是长时间做一件事产生了厌倦感。要消除这种厌倦感，停止工作并不是最好的办法，转移注意力反而能激发人的工作活力，提高办事效率。

这就好像是汽车的电瓶一样，光是把电瓶拿出来让它"休息"是不行的，一定要把它拿去充电，才能够继续使用。人也是一样，需要时刻给自己"充电"，而闲暇时间正好可以拿来利用，这些时间虽琐碎，但以少聚多，坚持下去，你就会发现零散时间也能帮助自己办成大事。

美国著名作家杰克·伦敦就是一个善于利用零散时间来给自己"充电"的人。在他的房间，有一种独一无二的装饰品，无论是墙上、窗帘上、镜子上、床头上、柜子上还是衣架上，都贴满了各种各样的小纸条，这些小纸条写满了五花八门的信息：有的是美妙的词汇，有的是生动的比喻，还有一些是零碎的资料。每天睡觉前，他都会默念一下床头的小纸条，刮脸时，也不忘认真看一眼贴在镜子上的纸片，甚至在房间里踱步时，他还可以从墙上找到启发他创作灵感的语汇和素材。除了在家里，每次外出时，杰克·伦敦也不愿放过闲暇时间，他把小纸条装在自己的衣袋里，这样可以随时拿出来看一看、想一想。

我们总在一边浪费着时间，一边抱怨工作之后自由时间越来越少，结婚之后独处时间越来越少，有孩子之后没时间学习提升自己……没时间，已经成为许多人经常挂在嘴边的话。事实真是这样吗？

正如鲁迅所说的："时间就像海绵里的水，只要愿挤总还是有的。"生活中有很多零碎的时间不为人注意，这些时间因为分散且很短，大部分都被我们浪费掉了，比如上厕所的时间、看电视的时间、发呆的时间、等车的时间等。

这些零碎的时间有个突出的特点，那就是我们无法利用这些时间专注做一件事情，因为太短暂，好像只能用这些时间来上个厕所、喝口水、发呆、刷抖音。但实际上，我们可以利用零碎的时间做零碎的事情，比如阅读和回复邮件、打印文件、思考下一步的工作等，甚至可以把一个较大的任务分解到零碎的时间里完成，比如记单词，利用闲暇时间记忆反而比拿出整块的时间来记忆效率更高。

所以，做一个高效的时间管理者，从不放过每一段闲暇时间开始。

59. 把不擅长的任务派出去

有这样一个故事：

柯达公司在制造感光材料时，需要有人在暗室工作，但是视力正常的人一进入暗室，就像司机驾驶着失控的车辆一样不知所措。针对这种情况，有一位经理突发奇想，建议说："盲人习惯于在黑暗中生活，不如让盲人来干。"柯达公司采纳了他的建议，将暗室的工作人员全部换成盲人，工作效率果然比原来有明显的提升。

在工作中，有些事情看似谁做都一样，但是分配给不同的人来完成，效果却是不一样的。这是因为，每个人的个性、能力和喜好不一样，擅长的方面也不一样。比如，打扫卫生这样的事情请清洁工来做就比较合适，日程安排交给秘书来做更妥当，而制图则需要交给设计人员去做。只有合理地分配资源，让适合的人做他们擅长的事，才能让事情完成的效率达到最优。

特别是作为管理人员，更要懂得合理分配任务给合适的人做，而不是事必躬亲。一个人能力再强，也不可能行行都精通、业业都熟悉。我们要学会分辨哪些事情是自己必须做的，哪些事情可以分配给他人来做。因为时间是稀缺资源，要确保把时间花在自己擅长且重要的事情上。

除了把工作任务分配给其他团队人员来完成，还可以考虑外包给专业的团队或个人。目前，工作外包已经是一种流行趋势，很多大公司都将一些非核心业务外包出去，自己专注于核心业务。比如，苹果公司就把它近百道工序外包给其他的厂商来完成，自己专注做技术研发和品牌营销；国美电器，把送货的工作外包给了运输公司完成。

如果你是一名决策者，可以考虑将一些非核心的事务或一些短期的业务外包给专业人才或机构，比如人才招聘、技术顾问、财务工作外包等。当然，外包也不是万能的，它需要组织和计划，而且费用也是一个重要的衡量因素，对于那些盈利不多的项目，外包可能并不是最优选择，但它是提高工作效率的有效技巧。

60. 让高新技术给时间管理帮忙

有一对中年美国夫妇，妻子叫维尼亚，丈夫叫凯文。维尼亚是一名化妆品直销代表，凯文是一名大型技术公司的技术人员，经常需要上夜班。两人的工作都很忙，工作时间也经常变化。他们有两个孩子，一个15岁，一个6岁，都在上学。

维尼亚每天一起床就开始准备早餐，催促孩子们洗漱、吃早饭，为孩子们准备书包。等孩子们走后，她开始收拾乱哄哄的家，然后给丈夫定好闹钟，提醒他起床吃饭。再接着，自己梳洗、化妆，准备上班……下班后，孩子们回来了，又是一通忙乱。

维尼亚觉得自己每天都太紧张了，也太累了，即使每天这样连轴转，还是时常忘记重要的事情。

同样抱怨太累的还有凯文，长达12小时的夜班实在不是人干的活儿，黑白颠倒，让他一点自己的时间都没有，再加上维尼亚每天的叮嘱、抱怨，他更加觉得压力大，生活毫无趣味。

后来，维尼亚经朋友推荐，使用了一款共用的线上家庭管理系统，这款系统可以作为日历、记事本和通信工具，维尼亚还使用了一款日用品购买线上规划软件。自从有了这些高新技术的工具帮忙后，维尼亚可以同时干好几件事情，还能更好地享受家庭生活。

现在，维尼亚一家人在睡前都会在电脑上查看每个人的日历，看看第二天要做什么。每天，维尼亚会抽几分钟在线上选购好需要的日用品，网上超市的人会在她下班后直接送到家里来，这让她觉得太方便了。

维尼亚和丈夫的矛盾也减少了不少。有一次，她提醒丈夫去接孩子放学，丈夫还是忘记了，这把她气坏了。现在，这款线上系统在任务开始前1小时就会自动短信通知凯文该做什么，凯文也觉得自己好像没有以前健忘了。

他们的大儿子也表示，妈妈不再像以前那么爱唠叨和爱发脾气了，而且全家人有了更多的时间谈论彼此生活中发生的事情，这种感觉实在太好了。

看完维尼亚一家生活的改变，你是不是也深有感触？我们似乎每天都有做不完的事情，白天的时间总是不够用，只能牺牲睡眠时间来完成。如果我们可以找到一些适合自己的高新技术工具，是不是就可以帮助我们提高生活和工作的效率，多一点时间给自己和家庭？

比如，我们可以在电脑里安装传真软件，让它在设定的时间传送设定好的文件，然后安心回家，而不必像以前一样长时间站立在传真机前了；我们还可以共用线上日历来帮助自己做出更人性化的安排，让团队运行更有效率；又或者可以利用视频会议直接与领导进行工作沟通，而不是一定要在领导办公室或会议室里……

所以，我们在对自己的时间进行管理时，不妨多去了解一些高新技术知识和工具，它们能让我们在工作和生活中更加游刃有余。

第七章　时间管理：人际交往有诀窍

61. 职场人际沟通术

良好的人际关系对每个人来说都是非常重要的，它有助于我们成功。我们要有意识地花时间去维护和经营自己的人际关系，掌握处理好人际关系的方法，建立良好的人际关系网络，让人际关系成为我们成功的助力。

有这样一则职场故事：

梁成大学毕业后，进入一家大型企业研发部工作。一年后，因工作表现突出，他被主管擢升为研发部经理。在他的缜密规划下，部门原本延宕的几个项目也都在积极地推进中，上级主管李副总对他的工作能力很是赞赏。不过，李副总很快就发现梁成几乎每天都加班到半夜，而他的下属都是准点下班，很少跟着梁成加班，平常也难得见到梁成与他的下属或同级主管进行沟通。

有一次，李副总经过梁成的办公室，发现他和隔壁的陈经理竟然在用电话交流,两个人的办公室紧挨着,为什么不直接走过去说,要用电话交流呢?

李副总对梁成的工作方式感到好奇,于是开始留意观察梁成的沟通方式。原来,除了电话,梁成还习惯以电子邮件的方式交代工作,下属也都是通过邮件来回复工作进度和提出问题,很少找他当面报告或讨论。大家似乎已经习惯于只执行交代的工作而很少提出意见和反馈问题。

其他主管除了梁成刚进研发部那会儿,也很少主动到他房间聊聊,大家见了面也只是客气地点点头。开会时讨论工作,梁成也都是一副公事公办的样子,极少与同事寒暄聊天。

李副总在了解情况后,找梁成一起沟通解决问题。原来,梁成认为工作最重要的是效率,他希望用最节省时间的方式来达到追求的目标。李副总以过来人的经验告诉梁成,工作效率固然重要,但良好的人际沟通绝对会让工作顺畅许多。梁成在李副总的启发下,逐渐改变了工作方式,注意多与同事、与下属面对面地交流,工作果然顺畅许多。

沟通是职场必修课。在职场上,事业进步快的人,除了工作能力突出,人际沟通能力也很强,这样的人往往能更快地得到同事和上司的认可,从而获得更多的工作机会。而沟通能力差的人,不仅工作效率比较低，还会经常让自己处于被动的地位，不受领导和同事们的欢迎。

职场人际沟通与日常交友有所不同，除了讲究技巧，还要兼顾效率。在我们的日常工作中，总离不开与他人打交道、与他人沟通，所以，要提升工作效率，就一定要注重提升自己的沟通能力。

（1）当面交流

当面沟通是一种自然、亲近的沟通方式，有助于加深彼此的了解，增进情感，加速问题的解决。面对面交流，对方可以感受到你对他的重视，你提出的计划与构想可以立即得到对方的反馈，你的工作态度和表达的情感比较容易鼓舞或说服对方，从而达到你的目的。

（2）注意倾听

与人交流时，集中注意力认真听，尽量不要一心多用。当别人说话时，你的视线不要停留在手机、电脑或聊天工具上，眼神要看着对方，尽量先听对方把话讲完，然后再说出你的理解和建议，而不是中途强硬打断对方或者用你的主观臆断来补全对方的言论。

（3）表达简明扼要

在与人沟通之前，为了让对方尽快明白自己想要表达的内容，一定要想想自己主要想表达什么，如何才能清楚明了地把这些信息表达出来。如果表达的信息点比较多，建议列一个大纲，想明白这段话讲什么，可以分成哪几点，每几点讲什么内容。在汇报工作或者布置任务时，尽量先说结果和目标，而不是把时间花在讲述过程与细节上面。总之，你的表达要尽量做到重点突出、条理清晰，让人一听就懂。

（4）学会分享

作为团队工作中的一员，要学会在团队中学习和工作，学会与你的同事们一起去完成任务，分享胜利的果实，学会从团队运作中吸取经验，学会与人合作，在任何时候你都必须有团队合作精神。

62. 聪明人才会的团队合作技巧

人生最宝贵的两大财富是才华和时间。对个人来讲，不管才华还是时间，都是有限的，但是如果你把这限的才华和时间投入团队中，就有可能发挥出无限大的力量。团队合作的目的就是集合每个人的优势，一起解决复杂的问题，在有限的时间内完成看似不可能完成目标。

但是，与人合作并不是一件简单的事，相信很多人都经历过合作失败的惨痛教训。特别是一些风险高且时间紧迫的项目，要组建一个团队，并且管理好它，对团队管理者来说，是一项巨大的挑战。要管理好一个团队或者成为某个团队的一员，必须掌握一定的合作技巧，这样能在无形中规避一些问题和风险。

（1）认真筛选合作者

组建团队一定要找合适的人，这样才能发挥团队的作用。建议先仔细考察他们的人品、技能或经验、个性、人生规划等是否与你志趣相投，或者是否能补全团队某方面的不足。只有大家目标一致、能力互济、资源互补、配合默契才能长久合作。

（2）明确成员的职责

必须确保团队中的每一位成员都了解自己充当的角色和责任，知道自己需要完成哪些工作任务，以及在什么期限内完成这项任务。在成员因离开或身体不适等原因无法按时完成任务时，要明确协助或接手的人，以确保不会因某一个人或其中一个环节脱轨而打乱整个团队的工作节奏和进度。

（3）目标明确统一

清晰、明确的目标可以让团队成员团结一致向前看，能充分调动其积极性，发挥其才干和潜能，使成员自觉克服一切困难，使团队达到高效。这个目标首先要符合客观实际，以团队或企业的基本情况为出发点设立，既不能定得遥不可及，也不能定得太低，更不能仅按照管理者的一厢情愿来制定，而是要团队成员先达成共识才行。只有上下达成一致的目标，才是有价值的目标，才能凝聚战斗力，一致朝向目标努力。

（4）奖惩分明

一个团队就像一支部队一样，无规矩不成方圆，明确的奖惩制度很重要。在工作中，无论是谁，都不应该有特权，有贡献就应该奖励，犯了错误就要惩罚。如果工作做好做坏一个样，势必会打击团队成员的极积性；工作出现失误了，不同的人接受的惩罚不一，或罚得过轻或过重，同样不利于凝聚团队战斗力。只有奖罚分明，人人平等，才能把大家团结在一起，朝着共同的目标努力。

63. 遵循"3分钟电话原则"

在日常人际沟通中，电话是使用频率较高的通信工具，它使人与人的联系更加方便快捷，但如果在工作中频繁地接打电话，不仅影响人的心情，还会扰乱工作节奏，影响办事效率。

国外的政府部门为解决这个困扰，采取了"3分钟电话原则"，要求所有的政府工作人员，正常接打电话的时间应控制在3分钟左右，通话内容要尽量简化，这样做可以节省时间，提升工作效率。

3分钟电话原则也同样适用于我们的工作。为了不让过多的电话占用自己太多的时间，我们除了在接打电话时尽量少说废话，宁短勿长，还要讲究一些策略。

（1）过滤电话

如果可以，尽量让秘书或助手接听来电，并记下相关信息。如果一定要自己接听电话，而你又没有时间，可以转给其他可以协助你的人，或者等到有时间时再去处理。

（2）集中回复电话

为完成某项重要工作，如果不希望被频繁打断，可以把这些电话都回绝掉，告知对方自己正忙，另外约定一个时间给予对方回复。等完成手上的事情，再选择一个时间段，集中处理这些电话。

（3）打电话

为了节省通话时间，并保证通话效果，打电话前要认真斟酌通话的内容，做到"事先准备、简明扼要、适可而止"。

先确定合适的时间，最好选择对方方便时打电话，尽量避开对方忙碌或休息的时间。准备打电话前，最好在笔记本上将要表达的内容进行梳理，提出要点，这样可以避免现说现想、缺乏条理和丢三落四等问题的发生。

通话时，时间最好控制在3分钟左右，经过简单的寒暄后，直奔主题，简明扼要地表达自己的想法，切忌说话吞吞吐吐、含糊不清、东拉西扯，要适可而止。当你觉得对方正在拖延时间时，你可以委婉地提醒对方，比如你可以说："真不巧！我马上要参加一个会议，不得不在5分钟后赶到会场。"这样说会防止你们谈论不必要的琐事，加速谈话的进度。

当要表达的信息已经说完，这时就要果断地终止电话，切勿反复铺陈，再三絮叨。按照接打电话礼仪，最好由打电话的人终止通话。如果对方是你的上级或者客户，则由对方结束通话比较合适。

64. 掌握分工的艺术

时间管理其实就是对人的管理。如果你想成为一名出色的管理者，就要明确自己的工作重心，并懂得适当放权，知道如何将手中的工作合理地分出去，让下属帮助你完成，这样才能节约时间和成本，提高团队的工作效率。

然而，在日常工作中，我们经常会遇到这样一种情况：安排下属完成的工作，要么石沉大海，不了了之，要么三令五申，下属还是做不好，需要你不断地更正和指点。在你看来很简单的工作，最后弄得又复杂又麻烦，关键是时间花了，还做不好，毫无效率可言。

如果你也有这样的烦恼，除了抱怨下属工作能力太差，办事效率太低，更应该反思一下，是不是自己作为领导，下达任务的方式和工作思路存在问题，是否还需要再改进？

（1）明确要求和期限

在下达任务时，首先要将自己希望达到的结果告知对方，并且明确截止日期。交代完毕后，最好请下属复述一遍，确保对方准确地领会了你的意思。很多员工看似在认真地听，并且做了笔记，但可能并没有完全听懂，执行起来就会偏离目标方向，难以达到让你满意的结果。

（2）注重结果而非过程

作为管理者，你的主要任务就是给下属分配任务，然后关注任务完成的结果。分配任务，其实就是授权，真正的授权是着眼于目标，并给下属一定的自由，所以，不要干涉员工完成任务的过程。如果你总担心下属工作方法不对或者进度太慢，从而时常对他进行

"指点"，会对下属造成困扰，而且也不利于锻炼和提升对方的工作能力。

（3）进行跟踪和反馈

工作任务分配下去了，并不代表就可以不闻不问了，还要及时地跟踪，听取下属的反馈，了解工作进展情况。比如，某项工作任务的完成期限是一个月，那么可以在工作开展后的第三、四天问下属有没有遇到什么问题，是否需要支持。到半个月的时候再找下属了解工作进展情况，截止日期前的一周再了解一下工作完成进度。如果任务进展顺利，只需要坐等验收结果即可，如果工作因为某些原因进展慢，需要加快进度才能完成，这时可以适当考虑自己参与其中，帮助其完成任务。如果工作已经完成，就可以对结果进行审阅，给出意见或建议，从而获得更好的结果。

（4）及时给予肯定和鼓励

作为管理者，要对下属取得的成绩及时给予肯定和赞赏，这样做能够坚定下属的信心，让他以更大的热情投入工作中。即使下属犯错了，也不应过于苛刻，要让员工有犯错的机会。在他们犯错时，不是去责备，而是帮他们分析原因，给出指导意见，鼓励他们从挫折和困境中成长。

65. 学会向上司请教

每个人在工作中或多或少会遇到一些不懂的问题，这时候请教别人是最直接有效的方式，特别是向上司请教，往往可以帮助我们更快速有效地完成任务。

很多人，特别是职场新人，在与上司打交道时，小心谨慎，遇到问题不敢请教上司，怕暴露自己的无知，宁愿自己钻牛角尖，也羞于向上司请教。结果一件很小的事情，花费了比别人多几倍的时间来完成，结果还未必令人满意。

其实，向上司请教既是工作顺利进行的需要，也是实行自我提升的有效途径。上司之所以能成为你的上司，无论是工作能力还是生活阅历通常都比你丰富，他们往往能站在更高的角度来考虑问题。虚心向上司请教，能迅速找到解决问题的思路，避免少走很多弯路。同时，上司在提点你的过程中，还能更多地了解你，对你的能力和人品有更多的认识，甚至能因此赏识你。

不过，请教是一种职场智慧，也是一门人心艺术，我们不能一碰到问题就请教上司，而要注意把握好分寸和火候。那么，向上司请教，我们要注意哪些问题呢？

（1）平时工作态度要积极

在职场上，那些工作认真、积极向上的人，更容易获得上司的认可。遇到问题，上司也更愿意毫无保留地给他们指点。而平时工作懒懒散散、应付了事的下属去请教上司，上司很可能也会敷衍了事。

（2）常识性的问题尽量自己寻找答案

在你选择请教上司前，先思考一下这个问题是否值得询问上司。很多常识性的问题，其实自己动手搜搜资料就能解决。如果你担心网络检索的内容不准确，可以在请教上司时说："关于这个问题，我检索了一下，已大致了解，但还存在一些疑问，您可以指导我一下吗？"

（3）尽量把问题集中起来一次性请教

上司每天需要处理的事情有很多，时间也很宝贵，如果频繁去请教，就会对他的工作造成干扰，容易引起对方反感。所以，在遇到问题时，建议先记录下来，再寻找合适的时机一次性向上司请教。

（4）要言之有物，简明扼要

为了节省双方的时间，打消上司的顾虑，在请教问题时，先告知对方大概要占用多少时间。在争取到上司的同意后，再简明扼要地说明具体问题是什么，你的想法是什么，希望获得什么样的帮助和指导等，这样上司能迅速了解你面临的困境，从而更有针对性地给予你指导。

总之，一个负责任的上司，自然希望下属能把工作做好，也会很乐意回答与工作有关的问题。所以，作为下属，不要惧怕向上司提问。但在提问前，一定要注意规避上面提到的几个问题，如果你都做到了，相信你会成为一个受欢迎的人。

66. 学会向他人寻求帮助

在工作中，碰到困难是难免的，如果自己解决不了，就需要向身边的人寻求帮助。在职场中，懂得恰当地主动寻求帮助，是一名优秀员工必备的技能。向他人寻求帮助，不仅能节省时间，避免我们走弯路，还能通过与他人的沟通，建立良好的人际关系。

那么，我们如何在不引起他人反感的情况下寻求帮助呢？可以尝试以下方法。

（1）先设法自己解决再求助

在工作中，每个人都有自己的工作职责，时间对每个人来说都是宝贵的。如果一碰到问题，不是自己先设法解决，而是马上寻问身边的人，总在把"这件事我不知道怎么做""我需要帮助"挂在嘴边，会让身边的人不胜其扰的同时，质疑你的工作能力。所以，在寻求帮助之前，你需要确保自己已经尝试了所有可能的解决办法，如果仍然没有找到有效的解决办法，你再向你的同事或领导寻求帮助。

（2）多与同事交流工作经验

对于新手来讲，我们现在所做的工作，都是老同事解决过的。所以，平时我们一定要多与工作经验丰富的同事以及人缘好的同事交流。在遇到困难时，优先向他们寻求帮助，他们工作的方法和解决问题的经验可以帮助你快速找到解决问题的关键，避免你走弯路。

（3）让对方获得成就感

如果你能让对方在帮助你解决问题的同时获得成就感，那么他们以后会越来越乐意帮助你。所以，遇到难题时，尽量找能解决这类问题的人，并且向他们描述你在做的工作和碰到的困难。

比如你正在测试一款新开发的软件，遇到了难题，你可以这样说："我发现软件运行时，总是不明原因地闪退，但是我检查了源代码，没发现任何问题。处理这方面的问题你是专家，可以帮我看看吗？"如果对方发现了你没有发现的BUG，他会因帮助你而产生成就感，下次再请他帮忙时，对方会很乐意帮助你。

（4）得到帮助后提升自己

在获得帮助时，你的同事或领导可能会向你讲解详细的步骤，按照他们的指点，你很快就解决了问题。这时你的心情变得很愉快，但是别忘了及时回顾和总结，并考虑是否有更好的解决方案。首先，你需要重新梳理一下问题解决的整个流程，再详细记录每一个步骤和细节，以及最终达成的结果，最好将这个问题及解决方法建立一个工作模板，这样在遇到类似的问题时，就能驾轻就熟，不用再向他人寻求帮助了。

67. 建立自己的人际影响力

《明朝那些事儿》中，有一位皇帝让人印象深刻，它就是明英宗朱祁镇。朱祁镇虽贵为天子，却一生坎坷，几经起落，先是在土木堡之变中兵败被俘，后来在多方斡旋下终于回到大明，却又遭软禁，直到7年后才重获自由，再次执掌皇权。

朱祁镇在屡遭磨难的情况下能够化险为夷，一个很重要的原因在于，他能够"感化"周围的人为其所用。在当俘虏的那段艰难岁月里，朱祁镇始终镇定自若，即使在死亡威胁的阴影下，面对敌人也是有礼有节、不卑不亢，时间一长，连看管他的蒙古士兵和军官，甚至是首领伯颜帖木尔，都对他钦佩不已，甘愿为他效力。在归国后被软禁的日子里，原本刁难和怠慢他的侍从和大臣也被他感化，愿意为他出力。

朱祁镇这种感化他人的能力，我们可以称之为"人际影响力"。那什么是人际影响力呢？简单来讲，就是指在人际交往中，通过展现独特的个人魅力，在人群中建立自己对他人的感染力、号召力、威信力和说服力，在潜移默化中去改变他人的行动、态度和信念的一种无形却温和的力量。

人际影响力正在成为衡量工作能力的一个重要方面。比如你是一名领导，你需要影响下属，帮助你做出工作成绩；作为一名员工，除了做好本职工作，要想升职加薪，你必须影响你的同事和领导，让他们认可你的能力；作为一名推销员，你想要卖出去更多的货物，那你就得设法影响你的客户……

现代社会是团队合作的社会，我们从事任何一项工作，都离不开他人的帮助和支持，要想他人心甘情愿地帮助和支持你，就需要提升自己的人际影响力。那么，日常工作中，怎么做可以提高我们的人际影响力呢？

（1）从细微处建立他人对你的信任度

在职场中，信任关系是靠长期的坚持和一点一滴的积累才能建立起来。所以，要成为那个被信任的人，并不需要太复杂的技巧，只要在日常工作中把每一件小事做好就可以，通过一点一滴的积累，引起他人的注意，就能通过这个过程来影响他人。

（2）结交有效人脉

这里的有效人脉，是指那些能帮助自己实现"自我成长"的人，是遇到困难可以交流、提供帮助的人。要结交这样的人，首先你要多渠道地了解他，比如他的工作能力、工作风格、性格、喜好、身体状况，他的价值观和信念等，然后多找机会与他沟通交流，让他认识并了解你，这样才能去影响他、带动他。

（3）成为人际关系的联结者

要建立广泛的人际关系网，并不是认识的人越多越好，而是要尽力成为人际关系中的联结者。比如，你认识很多朋友，但这些朋友之间互相不认识，那么你就是这个关系网的中心。如果你把这些朋友介绍给对方，那么就形成了一种人脉关系蜂窝状结构，而不再是原来的单线结构，这样更有利于扩大你的人际关系影响力。

(4)让双方达成共赢

人际关系的建立是基于互惠互利、互相帮助的基础上的,单向利己的关系是不长久的。所以,要长久地维持好你的人脉关系,就得做个对别人有用的人。我们要乐于与别人分享,比如我们可以分享自己的专业知识或技能;也可以分享自己掌握的资源,包括物质上的和人脉关系上的资源;还可以分享爱心,即使你不能帮助别人,表示真诚的关心同样有助于稳固和深化你们之间的关系。

68. 学会对别人说"不"

藩正磊曾是微软的一名工程师,她所在的产品研发小组开发产品的速度非常快,几个月内就研发出了3个版本,每个版本又需要6种语言,为了应对18个组合的要求,藩正磊需要跟其他不同的研发小组进行合作。因此,她的办公室每天都是人来人往,每个人都带着不同问题来找她。

刚开始,藩正磊总是把手头的工作放一边,耐心地解决别人的问题。为了把自己的工作做完,她不得不加班加点,累得精疲力竭,效率却不高。后来,经过一番思考,藩正磊设定了专门的"回答问题时间"，只有在这段时间里，同事才能找她，其他时间不能来打扰她。

从那以后，藩正磊潜心钻研，把更多的时间和精力放在研发产品上，成为微软总部产品部门晋升最快的经理，担任微软开发平台事业部总经理兼全球资深副总裁。

作为藩正磊曾经的同事，李开复认为她在职场上一路绿灯，取得成功的秘诀就在于懂得通过合理地拒绝别人来保护自己的时间。李开复说，如果她当初没有这样做，她可能还会在同一间办公室里，每天回答没完没了的问题，而不会取得后来的成就。

在工作中，我们经常会遇到各种各样被人勉强的事，内心很想拒绝，可话到嘴边却不知道如何说出口，只得全盘接受，最后总在忙着别人的事情，而没有时间处理自己的事情。

我们每个人的时间都十分有限，要在有限的时间里做最有价值的事情，如果我们忙于应付别人的事情，就会没有自己的时间了。如果你有明确的目标，也能区分出正确且重要的事情，仍然没有时间做好自己的事情，那么就必须学会与人说"不"。对别人说"不"，是保护自己时间的必要方法，很多人正是不好意思拒绝别人，以至于自己的时间不断地被占用，根本没办法让自己专心工作。

当然，拒绝别人的请求时要讲究方式方法，生硬地拒绝只会让你的人际关系变糟糕。那么，我们如何做既可以坚持自己的原则，又不伤别人的面子？

（1）三思而后行

别人请求帮忙，先不要马上回答，先问清事情是否着急，时间节点是什么，再想想：自己是否有时间接受别的工作？该怎么做？如果接受请求，需要付出多少时间和精力？如果我这次答应帮忙，对方下次会不会要求我做同样的事呢？总之，不要不假思索、不负责任地随意接受别人的请求或要求。

（2）阐明拒绝的理由

如果实在没有时间答应别人的请求，那么在拒绝别人时一定要阐明理由。没有任何理由的拒绝容易让人心生不快，因为提出请求的人可能并不清楚你目前的工作量或面临的压力。如果你在拒绝他人时，把自己的处境告知对方，对方不仅能理解你，反而会因为打扰到你而心怀歉意。比如你可以说："谢谢你在需要帮助的时候能够想到我，其实我也很乐意接受你的请求，但你看，我的日程表已经被塞得满满的了。"

（3）态度要明确

如果确实没办法答应对方的要求，那么拒绝的态度一定要坚决,不要给人模棱两可的答案,"可能""或许""大概"之类的话尽量不要说, 拖延只会浪费双方的时间。

(4)以建议代替拒绝

如果你没有时间帮忙,但是有好的建议,不妨在拒绝别人的请求时,给出一些切实可行的解决办法,这样能让对方感觉到你是真心实意地想帮助他,从而心怀感激。比如,你可以说:"抱歉啊,这次我没法帮你,但我认识一位朋友,他曾经解决过类似的问题,我这就帮你打电话问问!"

(5)必要时作出妥协

拒绝对方时,你如果不想伤了对方的面子,你还可以视自己的时间安排做出一些妥协,比如,你可以说:"很抱歉,这个星期我真的很忙,腾不出时间。如果这个问题到下个星期还没解决的话,你再来找我,或许我还能帮得上忙。"